纪德传

赵　芹◎著

时代文艺出版社

图书在版编目（CIP）数据

纪德传 / 赵芹著 . —长春：时代文艺出版社，2012.4（2021.5重印）
（诺贝尔奖获奖者传记丛书）

ISBN 978-7-5387-3920-6

Ⅰ . ①纪… Ⅱ . ①赵… Ⅲ . ①纪德，A . （1869~1951）－传记 Ⅳ . ①K835.655.6

中国版本图书馆CIP数据核字（2011）第272894号

出 品 人　陈　琛
责任编辑　孟　婧
助理编辑　史　航
装帧设计　孙　利
排版制作　隋淑凤

纪德传

赵芹 著

出版发行 / 时代文艺出版社
地址 / 长春市福祉大路5788号　龙腾国际大厦A座15层　邮编 / 130118
总编办 / 0431-81629751　发行部 / 0431-81629755
官方微博 / weibo.com/tlapress　天猫旗舰店 / sdwycbsgf.tmall.com
印刷 / 保定市铭泰达印刷有限公司
开本 / 710mm×1000mm　1/16　字数 / 122千字　印张 / 12
版次 / 2013年1月第1版　印次 / 2021年5月第3次印刷　定价 / 39.80元

图书如有印装错误　请寄回印厂调换

授 奖 辞
Award-winning Remarks

为了他广泛而有艺术质地的著作，他以无所畏惧的对真理的热爱，并以敏锐的心理洞察力，呈现了人性的种种问题与处境。

——诺贝尔奖委员会

目录
Contents

附　录

纪德(1869—1951)，法国现代最伟大的作家之一，著有小说和散文《地上的粮食》、《背德者》、《伪币制造者》、《从苏联归来》、《假如种子不死》等。大作家莫里亚克这样评价他："纪德在世一天，法国便还有一种文学生活，一种思想交流的生活，一种始终坦率的争论，而他的死结束了最能激励心智的时代。"

10岁那年，纪德的父亲去世。从此之后，他在妇女的"阴影"下长大：母亲、表姐妹等。他笔下的许多女性人物，都有他身边女眷的影子。笃信基督教的母亲使他感受到了极大的清教徒式的束缚，以至于一生都与之作争斗，但同时又为他提供了一个文人所能梦想的最佳创作条件：一生都无需为了谋生而写作；而与表姐玛德莱娜的婚姻则是一场名副其实的"白色婚姻"。

纪德在青年时代，接触到了叔本华、巴尔扎克、福楼拜以及左拉的作品，从此决定进入文学之门，当一名作家。年轻的他很快就接触了很多当时的大文豪，还参加马拉美在罗马街的星期二聚会，结识了奥斯卡·王尔德，与后来声名鹊起的大诗人瓦莱里结为好友，这些人对他后来的创作产生了极大的影响。

19世纪90年代，纪德走出学校，开始了游历的生活。在阿尔及利亚和突尼斯，沐浴到了北非大自然阳光的同时也感受着不同的文化，身心发生了巨大变化。回到法国，婚后不久的纪德在1985年完成了小说《地上的粮食》。

纪德在这本书再版的序言中写道："当我写这部书的时候，文学界有一种非常强烈的造作和闭塞的气息，我觉得迫切需要使它接触大地，赤着脚随便踩在地下。"

1909年发表了《窄门》，《窄门》这个名字来自基督教《圣经·新约》里面的一句话"你们要从窄门进来"。小说描写一个女子遵守基督教教义自我约束，自我牺牲，结果酿成惨剧。主角阿莉莎拒绝与表弟杰洛姆结婚，将自己献身给上帝，她认为这样做可以让自己在精神上与爱人更加接近，可以放弃同他在肉体上结合。阿莉莎死后，人们从她的日记里知道，在最后的白子里，她自己感到非常孤独，她原来没有料到孤独是这么可怕的。这部作品写清教徒道德过分拘谨，束缚人的天性，与"异端者"的放纵形成对照。

1919年发表了《田园交响乐》，写一个牧师将一个失去家人的盲女接回家收养。那牧师本来想遵照基督教教义行事的，但却没有看到自己的弱点，最终爱上了那个盲女。但少女心目中爱情的对象是牧师的儿子而不是牧师，他怀着矛盾的心情为盲女治疗眼睛。他还领她去听贝多芬的《田园交响乐》，让她领会世界是多么美丽。少女复明之后，牧师的家庭里面掀起了一场风暴。最终，少女自杀了。

1926年发表了《伪币制造者》，这是纪德唯一的长篇小说。主人公斐奈尔无意中发现母亲的一封旧情书，知道自己是私生子，便离家出走。遇到了朋友俄理维舅父爱德华。于是与爱德华及爱德华的女友萝拉一道去瑞士旅行。裴奈尔爱上了萝拉，但萝拉在精神创伤治愈后，又回到了丈夫身边。巴萨房唆使无知少年倒卖伪币，但爱德华的道德力量最终压制了巴萨房，受他欺蒙的少年开始醒悟。

1947年，因为纪德的作品以对真理的大无畏的热爱和敏锐心理洞察力而表现了人类的问题和处境，获得了诺贝尔文学奖，至此，纪德在文学上的地位得到了世界文坛的认可。也许纪德与其他作家最大的不同点在于：他的一生是饱受争议的一生，无论是获得诺贝尔文学奖之前还是之后，这种争议从未消失。争议关于他的文学态度，争议他对苏联政权的态度。纪德从开始写作的那一天起，就开始在内心不断地作着挣扎，身边有的同性恋朋友最终也隐瞒了自己的真实取向，结了婚，生了子，但是纪德在作过痛苦的挣扎过后，决定还是要坚持自己内心的真实取向，并将自己的同性恋身份公之于众。而对于苏联政府，他一开始只是知道共产主义的教义，纪德觉得共产主义是一种崇高的人类理想，因此他变成了一名坚定的共产主义的信徒。可是在自己对苏联进行实地考察之后，纪德失望了，他觉得自己的理想和现实之间差距实在太大，于是便放弃了原先固有的坚持。这就是纪德，虽然立场也许在转换，但对真理的信仰却从未改变。就像萨特说过的一句话："纪德成为了他的真理。"他永远追求、怀疑、否定、变更，这就是纪德的生活和作品以悖论的方式向我们展现的人格的同一性，也就是他最终达到的唯一真理。他始终坚信做一个本真的人，做一个脚踩大地、热爱自然的人。但愿我们也能像纪德一样，回首自己生涯的时候也能够坦坦荡荡地说道："我始终是大地的孩子……我不枉此生。"

第一章 忧郁的童年

1. 缺失的父爱

"人当童年，心灵应该完全透明，充满情爱，纯洁
无瑕。可是记忆中我的童年时代的心灵却阴暗、丑恶、
忧郁。"

——安德烈·纪德《如果种子不死》

1947年，有着"转世歌德"之称的安德烈·纪德荣获诺贝尔文学奖，可他却"躲"了起来，用他自己的话说："像我这样一位又衰老又疲惫的人，荣耀会把我毁了。"

纪德的一生中始终都伴随着"矛盾"与"缺失"。从童年开始，不，也许是从出生的那一年——1863年开始，纪德最初的启蒙者，父亲的角色就在他尚未开始的人生里缺失了。

纪德的父亲保尔·纪德出生于1832年，出生于法国南方一个新教家庭，而母亲朱丽叶·隆多则出生于诺曼底一个富商之家，他们于1863在鲁昂的教堂里举行了结婚仪式。婚后约6年，即1869年11月22日安德烈·纪德出生了。作为家中独生子的纪德从小开始除了父母外就几乎没有什么朋友。父亲保尔·纪德太沉迷于在巴黎大学的工作，以致忽略了对儿子的照顾。而母亲有时候

也会觉着他烦，会叫他独自去玩。在这样的境况之下，纪德大部分时间都只能自己取乐。

纪德10岁那年，夏尔叔叔结婚的那段时间，纪德一家搬到尼姆市附近的岳父家暂住了一段时间。父亲保尔·纪德因为吃了无花果之后消化不良，得了痢疾，最终引发了肺结核。当时的医疗条件很有限，结核病算是一种大病，而且保尔·纪德在发现自己得肺结核的时候已经太晚，呈现晚期肺结核的症状，已经病入膏肓了。

病魔最终还是在1880年的10月2日夺走了保尔·纪德的生命，知道消息的小纪德一下子懵了，他不明白也根本没想到父亲会死。多年以后他还对母亲的反应有着深刻的印象："她不哭，她在我面前忍着不哭，但是我感觉到她已经哭过很长时间。我扑到她怀里忍不住抽泣起来，她怕我受不住打击就问我想不想喝杯茶。"

母亲不想让年纪尚小的纪德由于失去父亲受到过多的伤害，所以决定不让纪德参加父亲的葬礼。母亲把他留在了家里，和来奔丧的表姐玩耍了一整个下午。学校的老师和同学知道纪德父亲去世的消息之后，纷纷给纪德寄来了慰问信。他们的来信显得温馨而体贴，所有来信都没有提及纪德父亲的死，而只是强调了要珍惜与母亲之间的感情，要更加爱母亲，并且努力让她过上幸福美好的新生活。

父亲下葬之后，纪德母亲立即带着纪德搬回了卢旺老家。在老家单独请了一位家庭老师辅导孩子的学业。这位老师没那么多条条框框的规矩，这给了纪德很大的自由空间。就这样，纪德开始了一段缺少规则、没有约束的生活。

母亲完全没有注意到年幼的纪德是那样的敏感，失去父亲对纪德而言是一个多么沉重的打击。在纪德正处于精神崩溃的边缘，情绪很不稳定的时候，母亲又很少给予一些应有的安慰。他一会儿哭，一会儿笑；一会儿活蹦乱跳，一会儿一声不吭。他不停地说谎，只是为了好玩，为了证明一个不存在的现实。这些都是一个孩子对突然间失去父亲的一种行为上的表达，但作为一个母亲，她并不了解自己的孩子，她对儿子的印象就是一个多病的、神经质的、专门干坏事的淘气的顽童。因此，母亲更加坚信自己应该更加严格地管教纪德，就这样，两人相互的不了解转变成为了相互的斗争，而且整整斗争了14年，直至母亲逝世。与母亲之间的"深深的窒息感"如一块乌云一般整整笼罩了纪德一生。

2. 童年的游戏

因为没有玩伴，纪德只好自己想办法去找寻周围可以玩的东西。在百无聊赖中，纪德发现了弹子和万花筒，这两样东西简直就是纪德的宝物。"一个小书包装着我所拥有的最漂亮的弹子，一颗颗全是别人送我的，从来不与普通的弹子混在一起。每次拿出来玩，看到它们那样漂亮，总是有一番新鲜的开心感。尤其有一颗小小的玛瑙弹子，上面呈现一条赤道，还有几条白色的回归线呢。另一颗光玉髓弹子，呈玳瑁色，是我用来压阵之物。……另一件令我着迷的玩具，是一个叫做万花筒的新奇玩意儿。它像一种小型望远镜，在与眼睛所贴的这一端相反的那一端，呈现出变化无穷的圆形花饰。那是由一些活动的彩色玻璃片构成的，嵌在两块半透明的玻璃之间。这小望远镜的内壁贴着镜子，整个玩具稍动一下，两块半透明的玻璃之间的彩绘玻璃片，就会均匀地变幻出魔幻般的画面。……我的表姐表妹和我一样喜欢这玩意儿，但都缺乏耐心，每回总不停地摇那圆筒，想一下子看到全部变化。我不那样做，而是眼睛总贴在镜头上，慢慢地、慢慢地转着万花筒，慢慢地欣赏图案变化。……后来我又想把小玻璃片换成各种稀奇古怪的东西，例如一根羽毛，一个苍蝇翅，一段小草，等等。……总之，我小时候成天玩这个游戏。"

在裕泽斯的家里，餐厅尽头通向储藏室那儿有一扇门，门上有一个木结疤长相的边材，上面有一个小树枝根部的痕迹。根部已经不见了，厚厚的门上因此落下了一个圆圆的、灰色的、光滑的东西，纪德始终猜不透那个东西但是又十分想知道那到底是什么。终于有一天露易丝发现了他对这个东西十分好奇，于是在餐桌安放刀叉时对他说：那是一颗弹子，是你父亲在你这么大年纪时放进去的，后来再也没有人能把它掏出来。她的解释满足了纪德的好奇心，但同时也引起了他更强烈的兴趣。纪德之后一次又一次地来看那颗弹子，想尽办法想把它从那里面掏出来，但却始终没有成功，结果都只是让它在里面转了几圈而已。第二年，纪德还没忘记父亲在门里藏着的那颗弹子，一来到裕泽斯，他就心急如焚，也不顾母亲和玛丽的耻笑，立即冲到那门前。还特意为了这颗弹子把小指头的指甲留得特别长，这一回，纪德一下子就把指甲伸到了弹子的下面，猛一使劲，那弹子就跳了下来，这才作罢。

纪德小时候还喜欢捕捉各种各样奇奇怪怪的虫子。捕捉虫子在常人看来是一件让人有点恶心的事情，尽管每次都有苏珊表姐陪着他，但他仍然必须克服恐惧心理和被人厌恶的眼神。他甚至还需要翻弄牛屎或者动物的死尸，以便能找到埋葬虫、粪金龟和隐翅虫。他很喜欢捉虫子，有一段时间，他对肉虫着了迷、上了瘾，痴迷而狂热地迷上了肉虫，他在木屑堆里可以挖出很多东西，其中就有许多白色的大肉虫，像金龟子的幼虫那样。还可以看见一串串或一堆堆白色的蛋，软软的，有黄香李子那么大，它们一个个黏在一起，让他感到十分奇怪。这些蛋弹性很好，打不碎，因为它们没有壳，那软软的像羊皮纸一样的外皮几乎撕不动——但是从里面会生出一条让人难以置信的大肉虫。纪德会带回来许多的大肉虫，用一只装满木屑的盒子养着他们。但是那些肉虫生命很脆弱，总是活不到蜕变的时候就全部死光了。纪德想，它们需要躲在地下才能蜕变。

纪德始终是个喜爱游戏、天真浪漫的孩子，长大成人之后的纪德仍然对游戏和玩具一往情深。24岁的那年，1893年圣诞节后的星期天，他在斯科拉给母亲写的信中用孩子般顽皮而固执的语气说道："你必须到巴黎的大商店或者小商店，给我买上一堆玩具，买些不是玩的玩具，就是那些可以在室外用的东西，比如像这里小孩们手里的陀螺和弹子。不要一般的陀螺和弹子，而要比较漂亮的。我特别想得到风筝，如果有像日本鸟样子的那种风筝最好。如果你能找到我以前特别喜欢的那种白铁皮风叶，用绳子一拉就可以高高飞上天的那种东西更好。"由此可见纪德对玩具的一往情深。后来，直到他去世前，已经成为年迈的著名作家的他，仍然常常光顾大型玩具商店。他的口袋里总是装着一些玩具，不时拿出来，一玩就是很长的时间。还有就是，他还到瓦诺街跟小夫人玛雅·冯·舍利尔贝尔，或者跟她的女儿对牌，同样着迷的伊丽莎白玩纸牌，一局一局玩下去，常常连着几个晚上沉迷其中，无法自拔。

　　纪德与其他作家的不同之处在于，他始终保持了孩童的敏感和好奇心，似乎对周围一切的未知事物都充满了求知的欲望。很多在别人看起来很微小的事情，纪德在多年以后还会用大段大段的篇幅来记载，还会为生活中微小的快乐而快乐着。他一直热爱自然，崇拜自然，感恩上苍给这个世界带来了那么美好的景象，以至于他的文字都带有一种浑然天成的山林气息，清新优雅，就像诗一样美。这其中也透露出了纪德的生存理念——人生应该是自由的，目标应为自己的喜好而定，然后按着这个目标不断地努力着、前行着，付出劳动，最终收获快乐。属于自己的快乐，虽然很小但很满足。

3. 古怪的儿童

纪德入学后不久，有一天老师在课堂上发现，纪德在他自己的座位上有"不当的举止"，老师在许诺保密的前提下对其进行了询问，纪德全部供认了自己的行为。据纪德自己的回忆，这种"不当的举止"最初发生在他很小的时候。纪德在自传的开篇提到过这件事：

> 我还记得一张相当大的桌子，大概就是餐厅的餐桌吧，所铺的桌布垂得很低。我常常和门房的儿子钻到桌子底下去；门房的儿子是个年龄与我相仿的孩子，有时来找我玩。"你们在底下搞什么鬼？"保姆喊道。"没搞什么。我们玩儿。"我们把玩具摇得蛮响。那些玩具是为了装样子带到桌子底下去。实际上我们另有玩法：一个贴近另一个，而不是一个与另一个。我们的所作所为，后来我才知道叫做"不良习惯"。

这件事情给纪德留下了很深的阴影，作为孩子的纪德当时对这种"不良习惯"并没有放在心上，也没有想要掩藏这件事情，他完全不知道这件事情被发现后的会有严重的惩罚。终于在道德规范的压制下，他改掉了这种"不良习惯"，并在自传《如果种子不死》一开篇就坦陈了这件事情，"虽然知道有些人会利用这些诽谤自己"，但是纪德还是觉得"唯有真实才站得住脚"，他也把写出这件事情当做是自己的一种忏悔。

小纪德没有任何同伴，每次玛丽领他去卢森堡公园他总能在那里见到一个年龄与他相仿的孩子。那男孩娇嫩，温和，安静，苍白的脸被一副大眼镜遮住一半，眼镜片颜色很深，后面什么也看不清。纪德不记得他叫什么名字了，也许根本就不知道。于是在纪德的回忆里，就叫那男孩"小绵羊"，因为他总是穿了一件白色翻领羊毛小大衣。

纪德对"小绵羊"小小年纪便戴眼镜很是好奇，于是就要求"小绵羊"让自己看一下他的眼镜。"小绵羊"抬起那副可怜的眼镜，两只眼睛可怜巴巴地眨着，目光犹疑不定，痛苦地透进纪德的心里。两人在一起时不玩儿，他记得只是手拉着手，默默地散步，其他什么也不做。

平生头一回结下的这个友谊，持续时间很短。"小绵羊"不久就不再来了。唉！卢森堡公园这时在纪德的感觉中那样空荡荡！但他真正感到绝望，是在知道"小绵羊"变成了瞎子的时候。保姆玛丽有一次在小区里遇到那孩子的保姆，回来向母亲学她与那保姆的交谈。为了不让纪德听见，她声音压得很低，但纪德还是听见了这样一句话："连嘴巴都找不到啦！"纪德一下子慌了，这句话显然那么荒唐，嘴巴怎么会找不到了呢，没有视力嘴巴也是可以找得到的啊。他立刻这样想，但心里还是挺难受，于是跑到自己房间里去哭泣。接连几天，纪德练习久久地闭上眼睛，走路也不睁开，他努力想体验"小绵羊"失明后的感受。纪德用闭上眼睛的方式体验了童年好友的失明之后的感受，方式虽然显得童真而幼稚，但是这份从心底里担心朋友的心情我们不难感受到。

纪德的母亲朱丽叶·隆多出生于法国北方的一个富有的经商家庭。这个家庭早先是天主教的忠实信徒，并且在当地小有名气。但是延续到了纪德母亲前两代的时候，已经改成信奉新教了。纪德的父亲来自南方一个新教家庭，他天资聪慧，21岁时获得了罗马法典奖，两年后，博士论文又获得了金质奖章。在三十而立的时候就被任命为教授，又对自己的工作尽职尽责，所以照料家庭的重担自然而然就落到了朱丽叶·隆多的身上。可是，实际上，纪德父母表现出了两种截然不同的教育理念与方式。纪德在后来的作品中也表示了父母"两个地域，两个家族，两种信仰"产生的矛盾一直对自己施加着影响。甚至，围绕纪德的教育问题父母还发生过不少争执，纪德的母亲始终觉着孩子应该顺从，而不需要明白什么；父亲则始终倾向于无论什么事，都要向孩子解释清楚。

有一件事情因其古怪所以常常被母亲提起。事情发生在于泽斯，纪德家每年去那里一趟，探望保尔·纪德的母亲和其他几个亲戚，包括佛罗家几个堂兄弟。他们在市中心有一座带花园的老房子，纪德的堂姐长得很美，她也知道自己长得很美。她一头秀发黑黝黝的，从中间分开，紧贴两鬓，侧影俨然一座玉石浮雕，皮肤光彩照人。

"快去亲亲你堂姐。"一进客厅，母亲就对纪德说。他走过去。佛罗堂姐弯下腰，把他拉到她身前，这样她的肩膀就袒露了。看到如此娇艳的肌肤，他顿时头晕目眩，不去亲堂姐伸过来的面颊，却被她美丽动人的肩膀迷住，照准上面狠狠地啃了一口。堂姐疼得大叫，纪德则吓得大叫一声，随即厌恶地吐口唾沫。纪德很快被带开了，在场的人大概都惊得傻了眼。

纪德回忆的时候觉得自己对这件事情的反应很古怪，其实这正是父母双方相互的矛盾施加在纪德身上后潜移默化的表现。母亲希望孩子顺从自己的指示与命令，而作为孩子的纪德表面上是顺从了，可在内心却是反抗的，并把这种反抗转化成了行动。

同时，纪德母亲长久以来携带的这种资产阶级思想让他感到厌恶，而母亲恰好认为这是对纪德最好的教育方式。于是纪德对自我的实现往往表现出了对母亲的反抗，他要反抗母亲强加在自己身上的束缚以保持自己的天性，而母亲却始终认为自己给儿子的爱遭到了拒绝，这也成为了纪德母亲去世时他最大的悲伤和痛苦的根源。

4. 安娜·沙克尔顿

安娜戴一顶里面镶黑花边的帽子，两根发带垂在脸颊的两边，在纪德的印象里，每每回忆起安娜，都是这样的形象。她的一举一动，都是那样的安详，她从来都是个忙碌的人，喜欢一个人的时候翻译一些文章，她不仅仅会法语，还会英语、德语和意大利语；人多的时候，喜欢和大家坐在一起，聊些家常、做做刺绣，纪德最喜欢安娜翻译的一篇叫做《列那狐》的文章，有时候翻译完，安娜会给他读一些段落，纪德很是沉醉其中。纪德的表兄也会根据这些古老的文章里面描述的各种小动物做成小石膏头像送给她，安娜会把这些小动物挂在卧室里面壁炉上方镜子的四周，这给纪德带来了很多快乐的回忆。

安娜也喜欢画画，她画的拉洛克风景一直挂在居韦维尔的卧室里，也画过纪德外婆住过的屋子，可惜的是纪德外婆逝去的时候就把它卖掉了。但是安娜最喜爱的还是植物学，在巴黎的时候，她准时去听博物院的每节课，纪德和安娜还一起做了一本植物标本集。每年夏天，当他们一起去拉洛克的时候，他们总是充满热情地去搜寻植物标本。这些快乐的时光永远地印刻在了纪德的头脑里面，纪德多年后还记得自己和安娜在天气晴朗时，把贴着标签的灰色纸摊在窗台、桌子和洒满阳光的地板上，让植物晾干。柔弱的、多纤维的植物，用几张纸就够了；肉质的、多汁的植物，要用厚厚一叠干燥、吸水的纸夹住挤压，而且每天要更换……

安娜原本是纪德母亲从前的家庭教师，纪德出生后，担当了一部分的女仆的职责。安娜在纪德母亲眼里面不过是一个普通的仆人，与自己有着天然的阶级差别。既然阶级不同，就要差别对待，纪德母亲觉得自己的做法是妥当的。而在纪德看来，安娜是一个淳朴善良的大好人，是值得交往的朋友。人和人之间都是平等的，不应该差别对待。尤其是安娜·沙克尔顿，她终身未嫁，把自己很多的精力都投入到了纪德家的事务中，纪德对她怀有很深厚的感情。

在纪德印象里，有一次，母亲告诉他打算送一本词典给安娜·沙克尔顿，纪德非常高兴。安娜虽然在经济上并不富裕，但是纪德却像家人一样爱她，可是他母亲接着说的话让纪德感到很是难过与受伤，母亲说道："我给你父亲买的那本是用真皮装帧的，我想，给安娜一本革面装帧的就够了。"纪德马上知道了以前不曾知道的差别，革面装帧的要便宜多了，那种由纪德心里升起的快乐一下子就消失了，母亲这时候洞察了纪德的心理活动，于是补了一句："她不会觉得有区别的。"这一句话，不但没有安慰到纪德，反而使纪德更加难过和悲伤。

纪德认为，母亲多年受到资产阶级的教育，一些早已形成的阶级意识深入她的骨髓。无论她有多仁慈、有多和善，那道资产阶级的心墙都会让她在做任何事情的时候投下阴影，即使这个人是安娜·沙克尔顿，一个和自己相处了那么多年，共同居住在一栋屋子里的人，她还是不自觉地以阶级来划分人群，纪德很讨厌母亲的这种习性，他认为母亲的美好天性被后天的资产阶级习性给遮住了一大半。她往往表现出了规范的模范作用，不论做什么事情都要守规矩，不要违背阶级之间的规则，所以无论对自己还是对自己身边的人，她都很苛刻。

他曾经这么说过，"我的母亲处于能够使她变形的环境包围中，以致她已经无法从那些既成事实中识别她自己，了解她自发的天性；尤其她一直特别惶恐，不太相信自己，以致无法做到自我肯定。她一直对他人对自己怎样评价感到不安；她总是努力接近最好，同样没有觉察到，她身上最好的部分正是她未经努力就已经拥有的那部分品质，她太谦虚了，以致无法意识到这一点"。

5. 儿时的教育

纪德家庭条件比较殷实，父母在他很小的时候就开始对纪德实施早期教育。纪德在5岁的时候开始了幼儿教育。7岁的时候开始接触到了音乐，音乐在纪德性格培养上起到了相当重要的作用。

纪德7岁的时候，母亲觉得纪德还需要上一些音乐课程，于是就让纪德去上戈克琳小姐的钢琴课，这位面色苍白的小姐，看上去不是很健康。纪德练完音阶和琶音，又做了点儿视唱，重弹几遍《钢琴家优秀传统曲目》里的一首曲子，便把位置让给了母亲，让母亲和戈克琳小姐并排坐在一起。开始四手联弹，母亲在弹钢琴时自始至终大声地数着拍子，纪德知道，这时候的母亲是开心的。待纪德长大一些的时候，纪德便自己去戈克琳小姐那里上钢琴课，虽然钢琴不是很好，但是他们还是很开心地四手联弹着。

后来纪德夫人买了一架钢琴，放在她的小客厅里，就像君主时代贵族们所做的那样，但是没有那么奢侈，只是一架比较普通的钢琴。接下来纪德母亲还需要为自己的儿子挑选一位家庭音乐教师，当然，纪德夫人对教授纪德钢琴的人选是经过了精挑细选的。教会人士首先向她推荐了盖鲁，说他循规蹈矩道德高尚，加之纪德夫人一向是虔诚的宗教信徒。就这样，音乐教师兼仆人的盖鲁就走进了纪德的家庭。他在纪德夫人的眼里仍然是一位艺术家，也就是一个无法定性的社会阶层的一份子——近于仆人但是又已迈入艺术的神秘殿堂，正因为如此，她有点不放心。盖鲁把音乐老师的特权和仆人的义务用得游刃有余，他拿出一副艺术家的派头，以艺术的崇高要求为名义，专横地把安娜当做秘书使唤，"命令她听写歌谱"。

"有时，在餐桌上，他眼睛那已被蒙住一半的目光显得茫然若失；他那双放在桌子上的有力的大手，就像放在钢琴上有力地活动着；当别人跟他说话的时候，他好像突然醒悟过来，对你回答道：'对不起，我刚才想着降E调。'"但是，纪德夫人为让盖鲁无视她的尊严付出代价，就用俏皮话讽刺他，让他回到雇员地位的现实上来，重新循规蹈矩起来。

纪德不是因为音乐本身，而是盖鲁这个图虚荣、好伪装的人物在两个相互矛盾的世界里生存的特殊方式吸引了他，他才喜欢上音乐的。此后，纪德终身离不开音乐，离不开钢琴。除了刚果探险之外，没有哪一次出行，哪一次远离巴黎或离开居韦维尔的长期旅居生活，他能够离开这件乐器。在阿尔卑斯山最偏远的山沟里，在阿尔及利亚沙漠深处，这个终身漂泊的游民，这个舒适生活的死对头，总是找办法把他的钢琴运过去或者就地租用一架钢琴。当他达到文学巅峰的时候，也还常常突然表示对没有走上演奏家的道路而深感遗憾。

1877年，8岁的纪德进入以新教教育为主的阿尔萨斯小学读书。当时阿尔萨斯省脱离了法国，并入了德国的版图。这所创建于1871年的学校就是为了接纳那些爱国家庭的子女和教师，所以学校很快成为了自由党资产阶级的教育圣地。在法国的初级教育体系中，天主教思想占主导地位，但阿莎路的这所小学是个例外，它深受从阿尔萨斯省移居过来的强大的新教势力的影响。它以私立学校的条件招生，不设天主教教义课程。

阿尔萨斯小学的风格，简单来说就是政治上的自由主义主张伴随着严格的工作作风和强烈的竞争意识。而那种强烈的竞争意识，从孩童时代起已经深入到他们的灵魂。形单影只不善于和人打交道的小纪德，用他自己的话说是一个尚处于"肉虫阶段"还未蜕变的迟钝的小孩，并没有意识到自己已经被卷入进培育出类拔萃者的教育机器。由于纪德入学比正常的开学时间迟了几个月，这给他带来了不少麻烦——体现在事实上最直接的表现就是纪德跟不上老师的课程。纪德觉得那个时候的自己呆头呆脑的，上课时也不知道为什么总是弄不明白老师的意图，他得到的分数也总是非常差。纪德认为自己那时还处于沉睡状态，仿佛还没有出世。每个星期不是行为举止得零分，就是整洁得零分，或者两项都得零分。

家人对纪德的期待却是很高的，家人越是要他出人头地多多参与学校的集体活动，他就越不说话，越自我封闭。他没有自信，认为自己既蠢又笨。因为他在学习上不够用功努力，也因为他不合群，而且衣着没有条理，不爱清洁，所以老师给他的评语很差。老师觉得他是个又懒又笨的孩子，是最不讨人喜欢的那种。他甚至没有机会掩饰自己。之后不久，他的父母就因为他的"不良习惯"收到了退学通知书，父母当时气坏了，却没有给纪德找医生，而是找了个犯罪心理医生，那个心理医生可不关心病人的身体，他虽然安慰了纪德的母亲，但是反过来却将纪德的身体当作一种惩罚，并对年幼的纪德作出了种种恐吓。家里的气氛完全变了样，父母亲失望了，伤心得痛哭不止。

虽然父亲经常忙于自己的事物，无暇与年幼的纪德玩耍。但对父亲，纪德向来怀着敬畏，书房这地方那样肃穆，更增添了纪德的敬畏。每次进入书房，纪德都感觉仿佛是进到了教堂里，半明半暗中，整齐的书柜，厚厚的地毯，色调富丽而深黯，走在上面没有一点声音。两个窗户，房间中央是一张宽大的桌子，桌上堆满了各种书本和文件。

纪德对书房的回忆，尤其是与父亲让他在那里面阅读的书紧密相联系的。一方面，父亲主张顺从自己的心灵，喜欢什么书就读什么书，没有太多条条框框的约束。他经常向纪德推荐一些法国当时流行的儿童读物，那些书籍虽然没有太多营养，却让当时的纪德流连忘返。另一方面，父亲也会在书房中一边抱着纪德一页一页翻看书本，一边给他朗读一些有名的作品，诸如莫里哀的戏剧故事、《奥德赛》中的段落、《帕特林闹剧》、辛巴的冒险故事或者阿里巴巴冒险故事，还有意大利喜剧中的一些滑稽片段。这是记忆中父子俩难得的交流，在这些交流中父亲难以掩饰的喜悦总是时不时地感染着纪德，也把他带入了阅读的至乐境界。这些零零碎碎的片段也都成为了纪德童年时愉快的回忆。

印象最深的一次是父亲朗诵《约伯记》的开头部分，母亲平时很少掺和纪德和父亲在书房中的交流，这次例外的也想听朗诵，于是为了父子俩，母亲把朗诵场地更改为小客厅，这是第一次一家三口人在小客厅里进行文学上的交流。这次朗读无论是故事的庄严，还是父亲声音的严肃，抑或母亲时而将双眼闭上，时而将双眼睁开的面部表情，都给纪德留下了深刻的印象。这种一家人其乐融融的场景在纪德一生中再难见到。

毫无疑问，书房留下了父亲废寝忘食、日以继夜工作的痕迹。自然而然，书房也成了一种象征，它不仅象征着纪德的父亲，也象征着知识和智慧的圣洁。书房散发出的知识与智慧的气息时刻吸引着纪德，从中不难猜测出来，纪德最终选择成为一名作家，也与家里的这间书房有着难以割舍的联系，可谓是父亲带给他的一种无形的教育。

第二章 青年时期

1. 蒙彼利埃中学

"成长总是那么神秘而惊人，都是由于不注意，我们才不感觉到惊讶。"

1881年的初冬，纪德母亲决定离开诺曼底，搬到蒙彼利埃市去居住。离开诺曼底，来到蒙彼利埃市这个选择使纪德的生活起了翻天覆地的变化，是他始料不及的。纪德和母亲并没有选择和夏尔叔叔一起居住，而是自己租了一间又破又小的屋子，家具也污秽不堪。纪德在蒙彼利埃中学读书，在那个年代，学校多数都是私立学校，中学基本不招收平民的孩子，那里的一部分学生来自于平民的家庭，另外一些来自于家境殷实的家庭。家境殷实的家庭的孩子在那些平民家庭的孩子们眼中是"有钱人"，是被仇视的对象。

纪德一开始到学校的时候，曾经努力与那些富裕的表兄弟们做朋友，但是在尝试了一段时间之后，纪德发现他们总是喋喋不休，喜欢打架，喜欢欺负人，温和的纪德平素一向不喜欢以捉弄其他人来娱乐自我，但是那帮平民同学由于阶级的差异又不愿意与自己交朋友，所以纪德开始变得消沉起来，整日郁郁寡欢，变得越发内向了。

但总体上来说，学校里那些由于阶级之间的斗争并没有给纪德带来太多痛苦，至少他和他的同学们还能够在表面上维持一种和谐的局面。导致纪德与其他同学之间关系恶化的，是后来在课堂上发生的"诗歌朗诵"事件。

其实那是件非常小的事情，但是它对纪德的整个一生在一定程度上产生了巨大影响。在一次诗歌朗诵的时候，老师让纪德背诵一段文章，纪德下意识的使用了阿尔萨斯学校的方式——以真正朗诵的方式来背诵诗歌，而非蒙彼利埃学校只是强调了背诵的准确性的方式，纪德用一种具有艺术美感的形式开始了这次背诵。"背了第一行就令全班目瞪口呆了，是真正的丑闻所引起的目瞪口呆。继之是哄堂大笑，从阶梯的一头到另一头，整个阶梯教室从上到下，全班人个个笑得前仰后合。"连老师也受到了感染而微笑起来。纪德鼓足勇气朗诵完了全部的内容，令他感到出乎意料也令全班感到惊愕的是，之后老师给了纪德满分，他向全班宣布："纪德，十分！"而且老师还号召全班同学向纪德学习，纪德一下子就鹤立鸡群了，遭到了众人的敌视。学生们觉得纪德装腔作势，而老师居然表扬了他。后来，老师又给纪德单独补习拉丁文，老师的这一举动更使得他们忍无可忍。在他们眼里，纪德真是太特殊了。那些怀有敌对情绪的人将情绪转化成了实际行动，纪德的噩梦也从此开始了。总有人埋伏在纪德回家的路上，准备痛打他。有些时候，纪德被打得鼻青脸肿，衣服被撕碎了，满身泥巴，鼻子流着血，害怕得牙齿直打颤。尽管纪德下了课就逃，尽管纪德的家离学校不远，为了躲过他们的追击，纪德也只能绕最远的路回家，但即便如此，他还是躲不过一次又一次的追击。有一次被打倒后，有人还拿来了一只刚从水里捞出的死猫在他脸上使劲地蹭。

每个人的童年都或多或少会有些不愉快的回忆，这件事本来也许只是学生时代众多不幸事件中的一个小插曲，可是对于敏感的纪德来说，这件事情犹如一个噩梦。之后，当我们拜读纪德回忆录时，我们发现这件事对他心灵的创伤是如此严重，以至成年后的他还对这件事情记忆犹新。纪德非常严肃认真地称那是一个"可怕的绝望"——准确地说应该是"幽灵"。毫无疑问，他在蒙彼利埃度过的那几个月时间，简直像在地狱里一样。

这个突如其来的变故，虽然没有引起他的反抗，但却使他更加沉默寡言。这段噩梦般的时光直至纪德感染上天花才得以告终，生病可以让他暂时摆脱困境，但是他知道，一旦病愈，噩梦又会卷土重来。年幼的他此刻觉得自己的人生是一片灰暗，为了让自己还能喘口气，他每时每刻都想着办法逃脱那所学校，于是，纪德选择用装病的方式来逃避自己在蒙彼利埃的学校生活。

纪德开始装病，比如有时一颠一颠的，有时突然发作一下，有时装的发作时间长一些，重复同一动作，像跳舞一样有节奏。神经医生也弄不清楚有几分是装的，有几分是真的。不过纪德的这些把戏并没有骗得过夏尔叔叔，夏尔叔叔只是冷静地戴上他的夹鼻眼镜，拿起他的报纸，回到他的书房里，若无其事地关上门。最终这件事以把纪德送到拉玛鲁温泉而告终。

2. 埃博家中寄宿

纪德的身体不好，由于这个原因他们母子两人已经搬家多次了，这一次医生告诉纪德的母亲，纪德的病是肠胃道气所致的，这也就相当于告诉朱丽叶她又需要搬家了，上次在蒙彼利埃的经历纪德始终记忆如新，纪德很是担心又陷入那样不友善的状况，而朱丽叶的家人也很反对母子两人居住在一个条件很简陋的居所，要求他们这次一定要找一个体面的、条件不错的住处。为了纪德的健康考虑，这一次，朱丽叶和纪德搬到了巴黎第七区富人云集的科玛街安顿下来，那套房子，是按照纪德大姨妈说的那样，是一个不降低身份，并且很大，很漂亮，很舒适的房子。

房子的问题解决之后，朱丽叶还是准备让儿子去上学，鉴于上次蒙彼利埃的经历，朱丽叶决定为纪德找一个家庭教师。于是朱丽叶找到了市郊的新老师博埃，准备让纪德在他家中寄宿，一方面方便纪德学习，一方面也让自己放松一段时间。此后，博埃成了纪德的家庭教师。

博埃并不是一个要求很严格的人，性格也很温和，也没有太大的学问。他除了谦逊好学之外，还热爱传授知识，上课不紧不慢，一切知识都是娓娓道来，上他的课很轻松，一点也不累。因为纪德什么也不会，身体还比较差，虽然博埃为他制定好了学习计划，但是总是因为纪德时常发作的小病而中断，博埃是个老好人，他很担心纪德的身体，所以怕纪德累坏了，课上到后面渐渐变成了聊天。所以在博埃家上课的这段时期，纪德的印象是一本书也没有打开，一封信也没有写，一节课也没学，整个人从内到外，都处于一种放假的状态。

博埃号称自己喜欢文学，可是一见到古典文学的书本，拿起书来才读了没几页就哈欠连天，因为纪德是学生，所以博埃只好拿着书本继续给纪德念。可是纪德很喜欢文学，尽管这些文章也许并不是那么精彩，纪德还是在博埃阅读的过程中得到了很多的快乐。而博埃发现纪德喜欢文学之后，就给他念一些惊世骇俗的另类小说，纪德后来称这是一种"古怪的教育方式"，但是却给他带来了一种看世界的新眼光。

在博埃家，除了念书以外，纪德还喜欢在博埃家里面的小院里观察大自然，"我就这样，几个小时一动不动地呆在那里，全不顾太阳烤着自己，目不转睛地观察着一只海胆在辛勤地挖掘着自己的窝，看章鱼怎样变色，看海葵四处游荡，还有它如何追捕、追逐、伏击等的奇妙景象，真让我心惊胆颤"。

纪德从小就是大自然的孩子，对自然的那份热爱也远远超过了其他同年龄段的人。大自然的神秘莫测总是会让纪德深深地沉醉于其中，哪怕是观察老鼠，观察斑鸠，都会让纪德开心不已。学校里那些与同学间不愉快的过往，此刻早已化为过眼烟云，大自然用无与伦比的魅力征服了纪德，最终纪德也从大自然中获得了很多灵感，最终体现在了自己的文字中。

3. 与玛德莱娜的爱情

到拉玛鲁疗养，在热拉尔迈洗温泉浴一段时间之后，纪德又回到巴黎。纪德这个怪怪的孩子总是让母亲朱莉叶觉得很是头疼，纪德在那段时间之内连续的精神和心理上引发的头疼和各种身体上的不舒服，让母亲朱莉叶感到了些许无能为力，她再也没有找专家咨询，而是选择了直接就让儿子退学，母子二人回到卢旺市居住，母亲希望通过静养的方式让儿子恢复健康。

敏感的纪德觉得阴影笼罩着他，生活仿佛一时间被悲观蒙罩上了一层阴影，他看不到哪里是出路，不知道自己该怎么办。就在这时，天使玛德莱娜突然出现在他的眼前，把他从阴影中解放了出来。埃米尔·隆多夫妇膝下有五个子女——三个可爱的女儿，纪德的表姐妹：玛德莱娜、让娜和瓦朗蒂娜；两个刚出生不久的儿子：爱德华和乔治。

玛德莱娜比纪德大三岁。作为家中的长女，她显得有点早熟，一切都表现得比较理智和持重。最可贵的是，她总是首先考虑别人的幸福，使他们获得内在的和谐和心理的安宁。在纪德看来，这些正是谦逊、优雅、温柔和善良的体现，他十分迷恋。纪德是多么喜欢表姐能时刻都在他的身边啊，他觉得，"没有她，生活对我不再有任何意义"。他甚至无论到哪里，都幻想着她就陪伴在他的身边，感受共处的欢乐。

清晨，别人都还在酣睡，纪德和玛德莱娜就约好外出了。迎着玫瑰色的曙光，在清新的空气中，他们手拉着手，踏着挂满露珠的青草地去林中漫步。他们不但一起游玩，两人的趣味也很一致。他们读同样的书比如《荷马史诗》、《古希腊的悲剧》，还有一些英国和俄国作家的小说。纪德常在书中他认为值得注意的每句话的空白处，标上玛德莱娜姓名的开头字母，玛德莱娜也常因为自己读到好的段落时纪德不在身边而遗憾，认为这是对他的"剥夺"。两人的心是何等的相通，可以想象得到，他们相互之间有一种吸引力把自己推向对方，以至产生出一种神秘的冲动，这种冲动与他们的柔情融为一体，使两人很自然地萌发出了感情。

但是，一件意外的事给了纪德极大的打击，也让他十分震惊。

在新年前夕的一个冬日的夜晚，12岁的纪德意外地看到他这位15岁的表姐玛德莱娜跪在那里祈祷，满脸泪水。这把纪德惊呆了，不知是怎么回事。这时，表姐告诉他，说她发现她的母亲——纪德的玛蒂尔德姨母对她父亲不忠，而她已经懂得，必须保守这个秘密，要纪德也不跟别的人说。纪德后来回忆说，在玛德莱娜目睹她母亲的"放荡行为"之后，"我相信，这个她最先发现并长期保守的痛苦的秘密影响了她的一生。整整一生中，她都像受过惊吓的孩子一样在生活。"纪德相信，玛德莱娜怀着无比的痛苦祈祷，是在代替母亲赎罪。这使他再一次地想起自己童年时的"恶癖"。本来就因此而出现过的负罪感加剧了。他觉得自己这样一个人，实在配不上如同赎罪的牺牲一样纯洁的玛德莱娜表姐的圣洁的爱情。他们之间只能存在一种"纯洁的爱情"。但是他又希望等待，绝不放弃对表姐的爱，他甚至认定自己毕生所要献身的目标，就是要通过文学的形式来表明自己对玛德莱娜的忠诚，来赢得她的爱，他的心里就是如此地充满矛盾。玛德莱娜无疑是爱纪德的，但是当她考虑是否与他结婚时，她不免有些犹豫。她对纪德出于克制而追求一种所谓"纯洁的爱情"抱有怀疑，她想，"凭我对自己的全部真诚——我认为爱情包含着欲念——某种热烈的令人心醉神迷的东西，而这在他和我身上并不存在。我现在喜欢他，我过去喜欢他，其实就像两个在各个方面，在所有的情感中完美和谐的孩子一样……"更主要的是，纪德的母亲很反对他们的婚姻，她认为自己的儿子和外甥女之间纯粹只是孩子式的感情，若把这种感情当成成年人的爱情，那是危险的。玛德莱娜对姨母一直像亲生母亲一样地尊重，很听她的话，所以就断然拒绝与纪德结婚。纪德爱玛德莱娜，尊重她的决定，于是就竭力把自己对她的感情保持在纯洁的界线内，以纯洁的柔情为限度。

玛德莱娜的单纯与虔诚给纪德留下了深刻的印象，她如天使一般的品行让他感到热血沸腾、不知所措，纪德认为这就是自己一直追寻的爱与信仰，于是纪德决定表达出自己对她的爱意。但玛德莱娜毕竟是纪德的第一个爱人，他还不知道如何表达自己内心的感受，只会把她的头拥在胸口，并狂热地吻着她。他沉浸在爱的海洋中，同时还拥有一种无可名状的怜悯、热情和忘我精神，纪德祈祷上帝，愿意献出自己的一切，只要能让这个女孩免于恐惧、邪恶和其他一切不好的东西。

爱上玛德莱娜真是恰逢其时，换句话说，他用这份爱与自己的心灵对上了话。纪德把对福音书的宗教热情与对表姐的爱毫不掩饰地结合在了一起。神圣的爱是世俗之爱唯一可以接受的形式，唯一与肉欲、与冲动无关的情感。就像他自己所描述的那样，他的爱就像宗教一样无处不在。在纪德的心底深处，爱应该是与宗教一样纯洁无瑕的，是人们应该坚守的保存在内心的却又无可言传、无法泯灭的一种感受。

纪德的语言是优美的，浑然天成如诗歌一样美妙。他写给玛德莱娜的情书与诗歌结下不解之缘。诗像信使一样沟通了两人的心灵，那些溢于纸上的优美词汇把两颗年轻人的心慢慢拉近，直至捆绑在一起。他一读到什么好诗，就想立即告诉玛德莱娜，同她一起分享快乐，因为他始终相信玛德莱娜是上天派给他的天使，他们是心有灵犀一点通的。在纪德读过的书上，他把玛德莱娜的名字的缩写字母标注在一旁，写在那些认为值得细细咀嚼，体会的句子边，想把这种由心而发的快乐也传达给她。写诗，作诗成了他们相互交流感情的一种方式，表姐弟通过这种方式互相述说各自追求完美精神的理想。纪德不断地给玛德莱娜写信，这些信和日记与情诗，都是纪德想与玛德莱娜诉说自己，以便让她更快更多地了解自己，了解自己无处诉说的内心与无法表达的自我。在后来，纪德把开始时写的日记的许多篇都照搬进他的第一部书《安德烈瓦尔特笔记》。这是一种审视自身的尝试。在日记中，感情和情感取代了思想的位置，跃然升至了第一位。纪德自己也说过，日常琐事令人遗憾地耗去了他许多精力和注意力，他只想为情为爱而写，仅此而已。

为了超越自己，为了真正诞生在这个世界上，纪德不是想从玛德莱娜那里得到庇护，而是要献出他的爱。甚至还不是爱情本身，而是爱意，以及因爱而生的一种激情。爱情虽然来到他们之间，但两人并没有因此而爱得死去活来。她笃信天主，性格温和内向。他爱她并不是与其他恋人一样千方百计地想跟她待在一起，而是将她同理想中爱神相比较。纪德把少年时代的爱与早年的宗教热情混合在一起，或者至少是前者融进了后者，因为她就是纪德心目中宗教精神的一个化身。他似乎在靠近上帝的同时，也靠近了玛德莱娜，也可以说是纪德在靠近玛德莱娜的同时，也靠近了上帝。在这种精神升华的过程中，纪德感到脚下的土地离自己越来越远，这让他心醉神迷。

　　纪德与玛德莱娜的婚姻从始至终都没有性生活。奇怪的是他们两人在这种事情上似乎很有默契，两人都不想干那种事。并且，纪德自己也曾经说过，他们两人从来没有谈论两人关系的这个怪问题。因为他们两人都说深深爱着对方，纪德一直到死的那一刻都坚信自己还是深爱着玛德莱娜的，纪德认为失去了她，就像是失去了自己存在的理由。他就再也想不出自此之后，自己为什么还留在这个世界上。其实，对纪德来说，他自己深信玛德莱娜没有肉欲方面的要求，尤其没有性欲望。她一生下来就是爱神，纯洁得光彩照人，所以不忍心用粗陋的身体接触去亵渎或伤害她。玛德莱娜是个天使，纪德对她崇拜之至。他自己从来没有想过，也从来没有问过玛德莱娜，她对这种没有肉体接触的爱情满不满意。纪德说过：“我的肉欲发泄不发泄在别人身上，对此我一点也不在意。我甚至还心安理得地认为，也许这样更好一些。我认为，肉欲是男人的本能，所以我不承认女人也有同样的要求，只有‘淫荡的’女人才会那样。”他的观点和他那个时代的那个阶级的性观念是吻合的，玛德莱娜似乎也表示赞同。年轻的女子在求婚者的面前，曾经很长时间打退堂鼓，犹犹豫豫举棋不定。当然，她全身心的爱他，只是害怕婚姻而已。在婚礼举行前几个星期，玛德莱娜在给他的信中写道："亲爱的安德烈，我难道不是你的朋友，你的姐姐，你的未婚妻？在别人看来，姐姐也许太可笑了，但是在我自己的眼中，姐姐的身份完全符合我自己本身的形象和自己感觉到的形象。"后来她还承认："我不怕死，但是我害怕结婚。"

纪德和玛德莱娜的爱情就是一段柏拉图式的爱情，纪德从未把自己的宗教热情与对玛德莱娜的爱情划分开，也许在纪德本人看来，这本来就是一回事。与玛德莱娜的爱情是纪德的初恋，初恋的时候人们总是喜欢美好纯洁的东西，而玛德莱娜恰好是这样的女子，这种纯洁打动了他，是他前几十年生活中所没有出现过的景象。玛德莱娜为他开启了一扇窗，从这扇窗子之中看到的世界是新鲜美好的，这使得纪德激动不已。但仅仅是激动不已，他把玛德莱娜当做自己的一个拯救者，可是随着年纪渐长，纪德真正发现自己的心意的时候，纪德对她却只有忏悔的份儿了，玛德莱娜一直坚持做着自己，默默地，默默地忍受着这对女子而言就如狂风骤雨的一切。

4. 文学上的尝试

　　纪德一直都想成为一名作家，他要走作家这条路，其实并没有什么障碍阻止他。当然，他的母亲朱莉叶·纪德希望她的独生子成家立业，但是她并不十分着急，因为毕竟纪德心智上还未成熟。纪德身体一直都不太好，高中毕业这一年他太辛苦了，常常无缘无故地烦躁不安。母亲索性给他几个月，甚至一年的时间让他自学——写书又何尝不可，对他不会有什么坏处。纪德的母亲小心翼翼地安排儿子的事，也许这样做能稍微缓和一下母子两人长期以来不算太好的关系。于是，纪德也去大学注册上哲学课，可是他觉着集体授课的方式并不适合于学哲学。然后他跟母亲讲妥，课是一堂都不去上的，而是请了老师单独辅导纪德。这一次，母亲对关系到他前途的大事没有采取任何干预措施，这引起了家族的不满。而他母亲也只好替他辩护，解释像他这样略显古怪的孩子，对任何职业、任何课程都不会感兴趣，眼下还处于混沌状态，他需要时间才能长大成人。就在这段时间里，纪德相继接触了叔本华、笛卡尔、莱布尼茨和尼采，并从这些大师身上获益匪浅。

　　1890年3月，玛德莱娜的父亲埃米尔·隆多因病去世了。纪德紧握着玛德莱娜的手在一旁安慰，纪德的母亲发现之后，在一旁迫使两人依旧以姐弟相称，因为母亲觉得纪德与玛德莱娜的感情只是兄妹之情，而不是爱情。

这之后，纪德开始了他首次在文学上的尝试。在纪德眼里，现在有两件大事——写书和同玛德莱娜结婚。尽管这原本是性质不相同的两件事，但在年轻的纪德看来，他们却是紧密联系在一起的。一方面他渴望可以通过这本书向母亲和玛德莱娜公开自己的爱情宣言，另一方面他还想通过这本书使自己成为一个名副其实的作家。

发行《纪德日记》第一版的前几年，他已经开始写日记了。他甚至保存了8大本日记，其中包括1887—1890年间写的三大本，是关于出版《瓦尔特笔记》的准备工作的。1889年是他作家生涯的第一年。纪德自小对学校都没有什么好印象，20岁不到的他朝思暮想能够摆脱上学的负担，独处一室专心致志地写他的书，但在写之前，他准备着要用浪漫作家的典型形象来写作：扮演一个穷学生——只有一定的物质基础仅仅能够满足一日三餐的需要，老虎窗，清平的生活，用孤独的笔来完成自己的作家梦。

亚里士多德在《诗艺》中说过，作家最初都是通过模仿开始的。纪德也不例外，首先是模仿他所反复阅读的福楼拜的作品。福楼拜的《情感教育》本意是写一本什么都不是的书，只为纯文学的美。纪德正是从福楼拜这本书里学到了词语的乐感，音乐和谐的规则，节奏的秘密，总之那些句子除语意本身以外的能让人体会到的感情，让人激动不已的东西。他甚至着手创作《情感教育新编》——曾有部分手稿流传下来，但是情爱没有任何位置，即使有也只是为了他的消亡而出现，"这种完美情人的完美幸福让我感到恶心，因为人的心灵最崇高的东西全集中到他身上去了，将所有最美好的品质集中到一个人身上，这有悖于常理……世界上除了爱情之外，还有许许多多的东西可以写，乔治·桑对此没有产生过任何的怀疑"。写了几页之后，当纪德意识到自己只是在抄袭福楼拜的时候，就立即放弃了最初的打算，但是如何写出具有音韵美的句子的方法，他是实实在在学到了。

1890年，纪德独自去了昂纳西湖畔，他希望自己一个人在那里潜心写作，尽快完成自己的作品。那年的8月底纪德就完成了初稿，并将其定名为《安德烈·瓦尔特笔记》。作品的内容就是纪德与表姐瓦德莱娜之间感情故事的改编。叙述的是一个叫做安德烈·瓦尔特的年轻人与自己的表妹相恋的故事，结果遭到了自己母亲的强烈反对。她在临终之前迫使表妹与其他人订了婚。瓦尔特的母亲去世之后，他找了个地方独自一人写作。不久，他得知表妹的死讯。自己也在恍恍惚惚中死去了。

当10月底纪德在拉豪克柏完成他的书稿时——此时贝德马雷已经让他删除了所引用的三分之二的《圣经》经文，尽管删去很多，但读来仍有引用太多之嫌——他已经不知道自己是谁了。他的安德烈·瓦尔特的躯壳已经除下，当做书皮把他的书包装了起来。他感到自己不仅仅赤身裸体，而且腹中空空。他自己也不认识自己了，变成了另外一个人，期待他拿出一部新作。为此，他有好几个月时间没有写日记，但在此之前他并不是没有确定"目标"："把自己当成一个手段，换句话说，永远以目标为上，以事业为重。"纪德实现了自身的超越，从此之后，他把一生献给了事业，一切以事业为核心。他把事业放在生活之上，成为他全部的生活。

1891年的夏天，纪德回到了拉洛克，他在那里疯狂地进行着阅读和写作。并在这一年出版了《安德烈·瓦尔特笔记》，这是纪德第一部正式出版的作品，也是他所受新教教育的第一次集中体现。作品从安德烈·瓦尔特的视角出发，通过主人公在爱情面前的苦闷和彷徨，探讨了灵魂与肉体的分离、精神至上、对上帝的虔诚信仰等一系列问题。全书以安德烈·瓦尔特对表姐艾玛纽埃尔的无望的爱情为主线，既反映了纪德本人的情感危机，又体现了作者对爱情、信仰，甚至写作本身的思考。作品中倾注了强烈的个人感情，不乏神秘主义的呼号和感叹："原谅我，主啊，我只是个孩子，一个迷失在凶险的小道上的小孩子。哦，主啊！希望我别疯了才好！"

做为纪德初涉文坛的作品，《安德烈·瓦尔特笔记》可以看作是作者充满焦虑的青年时代的写照。纪德对这部处女作并不是很满意，在1930年的再版序言中，他甚至说自己每次重读此书都感到"痛苦，甚至耻辱"。但在写作这本书时，他是怀着一种虔诚信念的，认为自己在同宗教信仰的两个最可恨的敌人作斗争。这两个敌人是肉欲和批判精神。而后来的纪德，却自认恰恰把这两者看得"高于一切"。尽管纪德认为自己当时"还不会写作"，这部宗教气氛浓烈的抒情作品还是起到了宣泄、净化的作用：纪德通过描写自己的焦虑而摆脱了这种焦虑。这种通过内心情感的外化和具象化来超越自身的方法，从此成为纪德创作中的一个重要原则。

这本书并没有得到普遍的欢迎，事实上，他只送到了很小的文学圈子内的人的手中：几位作家，几个书评家。这本书虽然没有受到大众的青睐，但纪德还是通过这本书打开了巴黎文学界的大门。尽管印数很少，但这本书对于一个初涉文坛的20岁年轻人来说，意义无疑是重大的。有些杂志刊载了一些溢美之词，纪德觉得十分受用，他一直把它们珍藏在身边。马拉梅的信典雅大方，称纪德为"我亲爱的诗人"，称他的书"似乎给处在死亡阶段的年轻一代披上了依稀甜美的春纱，无声地罩住少数文人们所熟悉的面孔"。

5. 纪德的朋友

1883年的时候，纪德和母亲搬到了位于巴黎科马耶街六号五楼的一处房子。纪德这时候在学校寄宿，那里的房主也是他的老师。

在一同寄宿的同学中，有一个在孔多塞中学念书的男孩，他每天上学放学都要经过一条很混乱的街道，那里有很多不正当的女人经常在街上游荡，纪德害怕极了，也非常担心他的同学，甚至后来竟然哭着恳求他的朋友上学放学不要走那条道路。还有一次，纪德沿着街边走着，不知从哪里突然冒出一个女人，猛然地和纪德打了一个招呼，纪德落荒而逃，事后很庆幸自己逃出了这次灾难，这些女人给了纪德很不好的印象。

在那个时期，纪德有个伙伴叫做弗朗索瓦·德维特·基佐，他家是纪德家在拉洛克的邻居，他们家住在附近的城堡。随着交往越来越密切，他们的友情也越来越深，甚至还曾发誓终身为友。但是，由于双方在兴趣思想方面存在着巨大的差异，纪德与弗朗索瓦在长大后渐渐疏远了。在一次道别的时候，纪德试图拥抱弗朗索瓦与他告别，但是后者却推开了纪德，他告诉纪德："不，男人不相互拥抱。"纪德从来都没有想到过，同性交往与异性交往不同，它们在行为举止上应该是有差别的。

纪德在此期间还认识了一个男孩——爱米尔·安布雷森，这个男孩出生于一个牧师家庭，家境比纪德家差远了。以至于他第一次走进纪德家的时候，走到拉洛克的客厅里居然哭起来了。这种巨大的差距，给爱米尔的心灵带来了巨大的冲击。多年以后，他自杀了，也许这种方式会给他带来活着的时候没有的平静吧。

在1892年11月，纪德的身体出现了肺病的征兆，于是纪德就到苏赛修养。在苏塞市，纪德开始养病。在那期间，纪德做过许多奇特的梦，这些梦让纪德久久难忘，在梦里就有许多赤身裸体的小男孩的影子在他心头缭绕："在我眼前，首先出现的是在海滩上模糊不清的戏耍的孩子们柔软的身影，那种美让我不能忘怀，我几乎也想去游泳，在他们的身边，用自己的双手，触摸他们如丝一般棕色的皮肤。但是我实际上一步也没有挪动，孤身一人在自己的房间里，只觉得一阵寒意袭遍全身，我为自己没能抓住幻影而伤感。"这些幻像久久在纪德心中环绕，无法抹去。

幻想中的小男孩都是些穷人家的孩子，自由自在，生龙活虎，大字不识几个。所以也就没有了道德和形而上学的烦恼，一个皮肤苍白，洗漱穿戴得干干净净，病快快得要吐血，被思想和身体相互矛盾的要求折磨的疲惫不堪的年轻资产阶级作家绝对不会成为那种人，他们是实实在在的人，就像玛德莱娜是理想的化身一样。那时和纪德关系最好的男孩叫做阿里，在11月的一天，阿里和纪德一起外出散步，他们在一个沙丘旁边有了一次亲密的聊天，内容天南海北，这是纪德很久以来第一次体验这种前所未有的快乐。纪德由于从小生活的环境与众不同，从小性格有些孤僻，朋友也很少，这次遇到阿里，令纪德兴奋不已，纪德把自己小时候未完成的愿景安心的完全的寄托在了阿里身上，自己的童年仿佛在阿里身上复活了。纪德坦言："我的天赋倾向在我的抵制中渐渐显示出来，我终于不得不予以承认，但还不相信自己会赞同。我迫使自己与天赋的倾向进行斗争，可是无望战而胜之，我倒觉得有望使其转向。"纪德在了解自己的心意之后，总是处于苦苦挣扎的状态，他总是徘徊在个体需求与社会规范之间，他时常感到很压抑，欲望被一种强大的社会压力给控制住了，这种痛苦也进一步促使他不断地思考个体发展与社会约束之间的关系，最终只能使自己勉强得出一个结论：在做自己与做他人之间，纪德选择了做自己。

6. 象征主义与马拉美

马拉美，法国诗人，象征主义诗歌的先驱、理论家。生于巴黎，家道贫寒，5岁丧母，不久妹妹和父亲也相继去世。他曾受雇于政府机关，后赴英国学习，回国后在中学长期执教。坎坷经历对其创作产生了很大影响。

马拉美的住所里每星期二下午都有一些文学青年聚会，听他或各自发表关于诗歌的见解，这个有名的"星期二聚会"坚持了十多年之久，一度成为象征主义派在巴黎的活动中心。马拉美的早期创作受象征派诗人波德莱尔的影响最深，从一开始就表现出诗人竭力摆脱冷酷现实的渴望和对抽象的纯美理想世界的追求。他对美国诗人爱伦·坡推崇备至，并翻译过他的名诗《乌鸦》，发表过题为

《爱伦·坡之墓》(1877)的十四行诗;马拉美的主要作品集是《诗与散文》和《徜徉集》。马拉美的诗歌理论在象征主义诗歌理论中占有重要地位。他认为,现实世界之外固然一无所有,但完美形式的真谛存在于绝对的理想境界之中,诗人的使命和诗歌的任务在于去感知和领会这个真谛,并加以凝聚,然后用不平常的手法表现出来。诗人不仅要对现实事物赋以诗的形式,更重要的是要在平凡的事物之中发掘不平凡的东西,创造出现实世界上没有的理想境界。

马拉美的创作往往把表面上毫不相干的事物联系在一起,赋之以形象,以表现内心纤细易变的感觉和情绪。其诗歌很讲究遣词造句,格律工整严谨。在19世纪下半叶法国诗歌从浪漫主义到象征主义的转变过程中,马拉美的创作占有重要地位。

他的代表作长诗《牧神的午后》就是描绘这种梦幻美的境界的。一个夏天的午后,在风光如画的海边,半人半羊的牧神发现了正在芦苇丛中沐浴的仙女,他的窥视惊动了她们后,她们便在惊慌中消逝了,唯有一对在岸上互相拥抱着睡熟的仙女姐妹留在那里,无限爱慕的牧神上前将她们抱在怀里,可一不留神她们也逃走了。牧神不知这一切是现实还是幻景,他吹起了芦笛抒发自己的迷惘。在笛声中,他似乎又走进了梦境,又看到了那些美丽的仙女。诗的境界似真非真,似梦非梦,梦与真实互相交换,让人看不清真实的情景,使诗弥漫着神秘奇妙的气氛。牧神虽然抓到了仙女,却又让她们逃走了,但他又满怀着希望,坚信还能再见到她们。可他毕竟是个凡夫俗子，不可能得到真正的美。马拉美通过这首诗，告诉人们真正的美是纯净而遥远的，可望而不可即，它远离众生，与尘世无缘。这正是牧神对仙女只能希望得到却无法真正得到的原因。法国著名作曲家德彪西根据这首诗歌创作了著名的印象主义音乐《牧神午后前奏曲》，印象派画家莫奈也以此创作了不朽的名画。

1891年纪德发表《安德烈·瓦尔特笔记》之后，经由莫里斯·巴雷斯的引荐，纪德在这时也参与到马拉美家的"星期二聚会"之中。所以纪德在这一时期的作品，风格受到了象征主义的影响，摒弃了传统文化，宣扬个人独立和享乐主义精神。

纪德把马拉美看做是一个时代艺术的典范，当马拉美1898年9月3日去世的时候，纪德很是难过，同时也为没能参加葬礼而感到惋惜。事后得知马拉美去世后其妻子和女儿在经济上有困难的时候，纪德慷慨解囊助其渡过难关。

7. 王尔德和瓦莱里

奥斯卡·王尔德(1854—1900)出生于爱尔兰，曾就读于都柏林三一学院和牛津大学，他是19世纪英国最闻名的唯美主义作家，同时精通法语、德语和古典文学。那时候，在伦敦大街上常有一位身穿丝绒上衣、翻领衬衫、系着色调奇异、随风飘荡着长领带的纨绔子弟模样的人。他头披蓬松长发，手持一枝百合花，这就是王尔德。他风度翩翩，常故作姿态，在晚宴上可见到他伫立一处，貌似狂喜，好像他看见了其他肉眼愚眉不能见到的景象一般。他对一切平凡、简朴的东西都显露出一种轻蔑态度。

他的作品《化身博士》趣味横生，让人爱不释手。小说主人公是伦敦有名内科医生亨利·杰克尔博士。他意识到自己的双重性格。白天他与人为善，晚上作恶多端。他喝下一种药水，把自己变成另外一人——爱德华·海德。他以海德的面目出现时，就放纵自己，为所欲为。后来海德残忍杀害一位贵族，杰克尔博士无奈自杀。他在死前坦白了一切。小说人物刻画另辟蹊径。海德是个原始的、具有兽性的形象，杰克尔身材高大、不苟言笑、严肃认真、表情平和。作者叙述细腻，语言简练优美。

1884年他与康斯坦斯·劳埃德成婚，育有两个儿子西里尔与维维安。王尔德的作品以其辞藻华美、立意新颖而闻名。他的第一本小说《道林·格雷的画像》和散文集《社会主义下人的灵魂》，都很受欢迎。但要论奥斯卡·王尔德最受追捧的作品，莫过于他的戏剧。他的戏剧所描写的虽然多是上层社会的生活，但也暴露了上流社会的卑鄙与无耻。这些喜剧常有些生动的清词妙句夹杂于其间，让人听了很欢愉。

19世纪末的维多利亚女王时代，英国社会一片混乱。1895年，昆斯贝理侯爵因儿子波西与王尔德交往而导致父子不和，侯爵因此公然斥责王尔德是一个好男色者。对此，王尔德提出了上诉，告侯爵败坏他的名誉。结果王尔德上诉失败，更被反告曾"与其他男性发生有伤风化的行为"。根据英国1855年苛刻的刑事法修正案第11部分，王尔德被判有罪，在瑞丁和本顿维尔监狱服了两年苦役。这就是历史上著名的"王尔德风化案"。

纪德认识王尔德是在1891年的一次文学沙龙上，王尔德的蔑视和嘲讽传统道德风尚，给纪德的思想带来了很大的冲击，他鼓励纪德追寻自己真正的所想，敢于做真实的自己，纪德称王尔德为"令人钦佩的人"。

保尔·瓦莱里，法国象征派大师，法兰西学院院士，被誉为"20世纪法国最伟大的诗人"。作为国家博物馆理事会的成员，笔会主席和地中海大学中心的理事，保尔·瓦莱里身兼数职，备享荣誉。但他不更多地追求它们，拒绝的倒是不少。他从20岁起就作出了抉择：他将献身"智力的偶像"。

纪德是在1890年认识瓦莱里的，那时的纪德对瓦莱里的固有印象就是发表过几首诗，也同样喜欢大自然，在蒙彼利埃的这次相见，两人一见面就觉着投缘，从此之后就成为了莫逆之交。他们一起散步，一起在墓地里沉思，两人间的互相通信更是持续了一辈子。

第三章　婚姻生活

1. 与玛德莱娜的婚姻

> "获得幸福的秘诀，并不在于为了追求快乐而全力以赴，而是在全力以赴之中寻出快乐。"

1895年5月，纪德的母亲去世。这样，纪德婚姻的主要障碍就消失了。不久，纪德便与表姐玛德莱娜定婚并结婚了。虽然医生在婚前给了他恳切的劝告，认为结婚可以给纪德一个安定稳定的心理氛围，可以让纪德走出童年的阴影。

结婚后，纪德和玛德也依旧相敬如宾，他们之间始终维持着没有性关系的婚姻，对纪德来说，玛德莱娜是自己的天使，她是不食人间烟火，没有肉欲的化身，而作为玛德莱娜，自身的清教徒信仰使得她本身也向往纯洁。纪德和莱娜新婚不久之后就做了一次蜜月旅行。他们先到瑞士和意大利，在意大利的时候，由于玛德莱娜本来身体就不是太好，所以纪德就把她单独留在旅馆休息，一个人去了意大利国家博物馆，纪德颇为喜爱博物馆里陈列的人体雕塑，几天后，纪德又单独去了一次。他"观赏许久——力图领会，牢记这些美妙的线条、腹部紧接肋下的这道因呼吸凹陷的皱褶，乃至连接上胸和右肩的这种枯瘦的肌肉，——还牢记大腿上端有点简短的纹褶"。之后他们去了北非的突尼斯和阿尔及利亚。

1896年1月，纪德夫妇去了北非，两年前的纪德就对这个地方充满好感，这次故地重游的纪德又见到了阿里和阿特曼，纪德很是开心。当初认识阿拉曼的时候，这个年轻的阿拉伯人是他们的向导。这一次，纪德再看到阿拉曼时，他已经成长为一个17岁的大男孩了。纪德对阿拉曼是偏爱有加的，面对他纪德总有一种教导的欲望，这种热情纪德终身未改。在这个教导过程中，纪德又找回了自己童年时细细的感觉，开怀大笑的童真。与这些未受到教育的条条框框压制的年轻人相处，纪德感觉开心极了，同时，阿拉曼的形象也成为了后来纪德《蔑视道德的人》的原型——米埃尔。

1897年年初，纪德夫妇搬家到了拉斯帕伊大街居住，他们在这里一直住到了1903年才搬到了同一条大街的另一处住所。就在这年的4月份，《地上的粮食》出版了。他在文中表达自己的观点："要行动，就不要考虑这行为是好是坏；要爱，就不必顾忌这爱是善是恶……我要教会你热情奔放……我希望在人世间，内心的期望能够尽情表达，真正地有过心满意足，然后才完全绝望地死去。"在他那里，生命的激情像宗教一般的神圣，任何感觉都是一种无处不在的存在。只有你感觉到了，世上一切才真正有意义。一位年轻的诗人亨利·热昂对《地上的粮食》发表了自己的评论，亨利·热昂和纪德有着相同的文学态度，所以从两人经别人引见第一次见面时起，两人间的感情就突飞猛进地发展起来。从此，纪德经常往返于巴黎与居维韦尔，以便于两人常常讨论文学问题。

　　《地上的粮食》出版之后，纪德夫妇又出去旅行了。1898年，纪德夫妇又去了意大利。在罗马逗留期间，纪德常常带着一些年轻的男子来到他们居住的公寓拍照，玛德莱娜为了不影响他们拍照，一个人呆在街上，直至他们拍完照。

　　1899年3月，纪德夫妇再一次前往北非。玛德莱娜的身体在这次旅途中越来越差，再加之纪德的同性恋趋向越来越明显，玛德莱娜逐渐陷入痛苦不堪的深渊。纪德想让玛德莱娜也尝试自己称之为"快乐"的东西，尝试着让她理解感受自己的快乐，但没有考虑自己的热情可能对脆弱的妻子带来多大的惶恐不安，他完全不知道他的这个举动对玛德莱娜的伤害是多么巨大。复活节假期就这样过去了，在从坎塔拉到阿尔及尔的火车上，有三个返校的男中学生，坐在隔壁的包厢里，纪德的客厢基本坐满了人。因为天气很热，包厢里没有其他旅客，他们几乎就半光着身子，在车里闹翻了天。每当火车短暂停车的时候，就朝纪德这一边摇下玻璃的车窗探过身来，纪德的手能摸到从他们车窗探过来的某个孩子的手臂，他们一边玩着一边大声笑着。而纪德，则体会着触摸毛茸茸皮肤的甜美滋味，这种毛茸茸的，琥珀色的肉体，使纪德体验到了一种折磨人的快乐。一会儿，火车又开动了，纪德也坐回来，心还在怦怦地跳，尽管表面上还装着迷上了手中的书。坐在他对面的玛德莱娜什么都没有说，装着没看见他，不认识他的样子。当火车到达阿尔及尔后，登上去旅馆的车子，她终于开口了，用一种失望多余责备的口吻对纪德说："你当时的样子，不像个流氓，也像个疯子。"这一事件使玛德莱娜深受伤害，玛德莱娜也知道了纪德在道德上的堕落，于是他们很快结束了这次旅行，抄近路回了法国。

2. 尼采的影响

在修辞班时，路易向纪德诵读歌德《浮士德》中的章节，《浮士德》那些富有启示和深蕴的话语轻轻地敲动了纪德的心弦。年轻的纪德从歌德那里获得了某种启迪和力量。一贯内心分裂、矛盾重重并不断作无望的挣扎的纪德，似乎找到了某种"平衡"，他觉得，歌德"除了死亡带来的安宁以外，绝不接受其他形式的安宁。因为他知道：安宁，在万山的峰巅之上。因为他祈求的不是安宁而是斗争，所以在艺术和生活中，他都不追求最高境界的非人间的峰巅，而宁愿选择阳光普照的半山腰……他的目标，如果说除了尽情地生活以外还有别的目标的话，那便是知识，而不是幸福"。歌德博大的思想和伟大的著作冥冥中为纪德指引了方向，诱使他得以释放内在的全部活力，向世界奉献自己，以便更好地寻回自我，随后更好地把握自我。歌德的出现对纪德思想的成熟和壮大起了至关重要的作用。也是在这一时期，纪德大量阅读了尼采和叔本华的著作，从中得到了深刻的启迪与感悟。此外，福楼拜、巴尔扎克、龚古尔兄弟、左拉、巴雷斯等文学大师的作品都使纪德从中学到了许多。

他曾在《隐居》杂志上面专门评论了这位德国伟大的哲学家，是尼采挽救了纪德，尼采的疯狂使他又回归到写作的道路上来了。纪德声称自己在不知不觉中就接受了尼采的思想，甚至在接触到它之前——哪怕是听说起它，就已经期待它的到来。"冥冥中像有一个奇妙的天数，把我引到他曾经走过的地方，瑞士、意大利，让我在这里度过一个冬天，后来我知道在上昂卡迪娜这个地方，他安详地度过最后的时光。再后来，当我一本一本地读他的书时，我觉得他的思想给了我很多启发。"

"我们大家都十分感激尼采。如果没有他，多少代人也许还是在含沙射影地谴责他所勇敢、沉着、疯狂地承认的那一切，我们每个人也许仍眼睁睁地看着自己的作品充斥着一些模糊不清的思想，而现在，这些思想已经被解释得一清二楚了。创作，就是要从这里开始，只有在此基础上，真正的艺术作品才可能诞生。"

纪德当时还很推崇俄罗斯作家陀思妥耶夫斯基，一方面纪德从其作品《快乐的知识》中学到了很多心理学方面的知识，另一方面陀思妥耶夫斯基身上有令纪德所着迷的东西，浪漫主义的笔触之下有一种人自由表达自身的思想，这种思想会指导着人们认识自己，找到最真实的自己，这种精神倾向纪德特别喜欢。而在纪德晚年的时候，纪德做了很多次关于陀思妥耶夫斯基的演讲，并最终将这些演讲稿汇编成册。尼采和陀思妥耶夫斯基都成了纪德的某种先驱和偶像。

而当时法国各界掀起了一场弘扬法兰西主义精神的运动，文学领域也不例外。巴雷斯是这个派别的代表作家，1900年巴雷斯发表了小说《召唤战士》，这部崇拜土地和民族传统，同时渗透了严重的排外主义的小说在社会上引起了极大的关注。发展到最后，甚至出现了要求大家停止翻译作品或者教授外国文化的呼声。这在纪德看来简直就是文化上的法西斯主义，于是纪德充当了一个战士，卷入了这场斗争，在当时巴雷斯比起纪德要出名很多，纪德把他形容为一个特别可怕却又很难打败的对手，因为巴雷斯头顶上实在有太多的光环。

　　而当时纪德最欣赏的两个人：一个是德国的尼采，一个是俄罗斯的陀思妥耶夫斯基，他们都是外国人，并且纪德在他们身上都学会了很多东西。纪德把现代文学的成就归于尼采、陀思妥耶夫斯基、歌德、叔本华等一系列外国作家。他反对巴雷斯把法国文学孤立起来的做法，认为这相当于文化上的法西斯主义。他论述道："有些人总是不能理解为什么艺术和思想必须交到人民大众手中。世界上任何保护主义都不能阻止语言、形状和声音像鸟儿越过墙头一样飞过国界。所有这些最可爱的爱国主义思想，都没有能够吸引我来欣赏那些显得甚为奇怪的理论。我一直在等待某种叫不出名字的东西，新形式的艺术和新思想，也不知道它们什么时候能够降临我们地球，没有任何一个勒梅特可以说服我这些思想是有害的，或者是我不了解的。拉布吕耶尔时代离我们已经很远了，我们的当代文学与古典文学的差别可以说是不可同日而语的。……将来还会有什么？噢，不容置疑的宝库！亲爱的朋友，我向你推荐一个对才能的绝妙的定义：才能，就是资源的感情。我们人类的这个资源远没有得到充分开发。"

当时尼采和陀思妥耶夫斯基在人们心中还没有达到大师的地位，在法国名气也不是很大，面对巴雷斯一派的挑战，纪德一伙人做出了自己的努力。1886年，原驻圣彼得堡外交官，一位伯爵大人发表了《俄罗斯小说》，向法国读者打开了俄罗斯文学的大门。14年之后，这本小说被数次翻译出版了。纪德还表示，陀思妥耶夫斯基慢慢地在特定的人群中，扩大了他的读者群。

纪德继承和学习了尼采和陀思妥耶夫斯基两人身上的一些值得自己效仿的的品质，也因为他们两人，纪德公开的与比自己出名很多的巴雷斯决裂，为了捍卫当时法国文化界的多样性，纪德冲出来做了一个战士，捍卫了自己的信念。

3. 陀斯妥耶夫斯基

陀斯妥耶夫斯基(1821—1881)，伟大的俄罗斯作家。出生于莫斯科一个医生家庭，早年毕业于彼得堡军事工程学校，后专门从事文学写作。1846年发表第一部小说《穷人》，受到文学界高度好评。随后几年间，又陆续创作了《双重人格》、《白夜》等重要作品。1849年，陀斯妥耶夫斯基因参加反对农奴制的活动，被剥夺贵族身份，并判处死刑，临刑前恰逢大赦，改判为流放西伯利亚，此后10年，艰苦、严酷的劳役生活使陀斯妥耶夫斯基的身心备受折磨，也使他对社会和人生的思考更加深入。流放生活结束后，陀斯妥耶夫斯基忍受着身体的伤痛，继续进行文学创作活动，不断有佳作问世，赢得了世界性声誉。《死屋手记》、《罪与罚》、《卡拉马佐夫兄弟》是其后期的代表性作品。

陀斯妥耶夫斯基这位伟大的天才作家为世界留下了取之不尽的精神与艺术资源，每个读他作品的人从中汲取适用于自身的养分，在众多的受益者当中，便有法国作家安德烈·纪德。纪德在他开始文学创作之初的1890年便接触到了陀氏作品，以后，他陆续阅读，重读陀氏的全部作品，对陀氏的理解日益加深，对陀氏的赞赏和推崇也与日俱增，1896年他曾在给一个不相识的人的信中写道："在法国(或比利时)，对我来说有两种人，读过《白痴》的人和没读过《白痴》的人。"他在1903年的日记中也曾写道："我高声朗读《少年》，当初看头一遍时，并不觉得这本书有这么出色……今天奇怪了，每一页我都赞叹。我赞赏陀斯妥耶夫斯基，要超过我原以为所能赞赏的程度。"他的赞赏与推崇到1922年2—3月间做六次关于陀斯妥耶斯基的讲座时达到顶峰。从陀氏作品中，纪德获得了许多创作灵感，对小说美学有了新的认识，发现了许多与自己的思想观念相近的东西，或者说更清楚地认识了自我。

魔鬼对于纪德来说，不单单是一个形象、一个隐喻，它具有文学、道德、心理、神学等多重面孔和职能，在纪德魔鬼观念的形成过程中，陀氏的影响举足轻重，这种观念对于纪德矛盾人格的确立，对他的创作都产生了深远影响。了解纪德生平的人都知道，纪德1916年到1918年经历了宗教与道德危机，这从他那期间的绿皮笔记(1922年以《你也是……?》为书名出版)、日记和1916年的散页中可以看到。在这段痛苦、阴郁的岁月中，纪德对于魔鬼的体验异常活跃。

在1916年的散页中纪德写到，他对于魔鬼的观念以前一直是完全否定的，而且只把它当作一个形而上的实体，对于他这个新教徒来说，魔鬼就是恶，而缺乏善就是恶，就像缺乏光线就是黑暗一样，他很自然地把各种活动都和恶联系在一起，直到1910年他与雅克·拉弗拉进行了一次交谈，他对恶的观念才发生了改变，恶成为一种积极、活跃、敢干的成分。纪德说，拉弗拉的话在他心中播下了种子，但直到大战中的1916年才生长出来，恶者的形象才更清晰地出现在他面前。

陀氏认为，"恶者对我们的巨大诱惑是智力诱惑，是问题"。陀氏作品中的那些思想者，都受到智力的诱惑，为道德问题、上帝的问题、人的问题所困惑，其中最重要的代表人物是《罪与罚》中的拉斯柯尔尼科夫和《卡拉马佐夫兄弟》中的伊凡。伊凡在神经错乱时，魔鬼拜访了他，对他侃侃而谈，讲述自己的身世，将伊凡自己对上帝问题、道德问题的思考提出来，使伊凡在"犹豫、不安、信仰和无信仰之间的斗争"更加激化，备受折磨。纪德的散页以一段他与魔鬼的对话结束，不能说是个偶然，尽管这段对话从内容、篇幅与思想深度上都无法与陀氏作品中的那段对话相比。但是两人都将魔鬼视为一种活跃的恶的力量。

总之，纪德在1916年切实体验到魔鬼作为美德、廉耻心的活跃的反抗力量而存在，这一发现对他意义重大，"我刚刚想到魔鬼，我先前的全部生活立刻豁然了。"这为他走出宗教危机、确立新的人格打下了基础。纪德觉得发现了魔鬼的现实性，然而，同伊凡·卡拉马佐夫一样，他并不能把魔鬼怎么样，因为这个魔鬼就附着在他身上，在与他的对话中，"他"(指魔鬼)声称对方创造出"他"来，就是想逃避责任："你把我造出来，就是要将你的怀疑、反感、烦恼都扣到我头上。阻碍你、克制你的一切，是我；如果你的骄傲反对你的精神屈服，那是我；如果你血液沸腾，情绪摇摆不定，那是我。你理性的反抗是我，你肉体的造反也是我……"在这种情形下，纪德不可能摆脱魔鬼，因为它占据了他整个身心，成为他的一部分。甚至，如魔鬼所言，从此，纪德对上帝与对魔鬼的信仰缺一不可。

这些对魔鬼的思考，使纪德从此将恶视为不可缺少的面，是生命活力的象征，而纪德珍惜的恰恰是活力。如同他在《陀斯妥耶夫斯基》中分析的斯塔弗罗金一样。斯塔弗罗金声称一直想做好事，并感到快乐。同时也想做坏事，也同样感到快乐。纪德引用了波德莱尔那句名言来解释使斯塔弗罗金左右为难的双重吸引力："每个人身上都同时有两种请求，一种朝向上帝，一种朝向魔鬼。"而"斯塔弗罗金珍惜的仅仅是活力"。纪德还用布莱克的话来诠释陀氏众多作品中体现的思想:"没有对立面就没有进步,吸引力与排斥力,理智与活力,爱与恨,它们对人类生存同样必不可少。""世界上现在和将来都永远有这两种对立的恳求,它们相互为敌。"

陀氏不仅对纪德矛盾人格的确立产生了深远的影响,也直接影响了纪德的小说美学观。他在1908年发表的《书信集中的陀斯妥耶夫斯基》中便指出陀氏"介绍思想时必定谈到全部的复杂性"。1912年,在创作《梵蒂冈地窖》期间,他提到阅读《群魔》:"今晚我重读完了《群魔》。钦佩得五体投地。这回,我更加深入理解了这部作品的奥义,回想起别的作品,就更明了了,我抓住了作品的细节和错综复杂的东西。"

4. 戏剧上的尝试

纪德在这几年里还在戏剧上作了自己的尝试。他认为,"一部戏剧上演能否获得成功,或某种类型的戏剧能否成功,取决于多方面的因素,但是肯定和文学没有关系。不仅是那些为了顺利上演而准备的物质条件,如各种各样的布景,华丽的服装,漂亮的女演员,演员的才能和影响力等,我想说的主要是作者关注的社会问题、爱国问题、色情问题和伪艺术问题。当今世界，人们认为成功的戏剧通常都少不了这些内容。它们是如此的重要，以至当我们把它们一个一个抽出来的时候，戏剧本身就不存在了。但是，在大多数的情况下，戏剧正是因为这些内容才红极一时。凡对此不闻不问的剧作家，如果他只是为了艺术而创作，那将会遭到被冷落的待遇。"

由此可以看出来，纪德并不是一个喜欢戏剧作品的人，但是却非常喜欢看戏。1901年5月，纪德的三幕话剧《桑佗儿国王》在新剧院上演了。戏只演了一场就演砸了。纪德很早就想创作剧本了，他在1889年就梦想创作这么一个话剧，"描写一个有乌托邦思想的年轻人。必须把他描写成可笑又非常可爱的人；还有，必须嘲笑他性格上同现实生活格格不入的贵族气质"。"当人世间所有的人都同流合污的时候，那个在道德上守身如玉的人则必然会到处碰壁。"但不知道为什么，纪德迟迟没有动笔，直到开始创作《桑佗儿国王》。这个剧本纪德写得很快，在1898年5月就完成了初稿。纪德是这样形容这部作品的，"我写了一个成功的剧本。它引人入胜、具有历史意义。为了让媒介接受它，我把角色设计为犹太人。唯一一个看不清楚的人物是以非利士人面目出现的，他是高利亚特，戏开场不久就被打死了。"

纪德为了这部剧的上演不停地作着自己的努力，请朋友对自己的这部剧提建议，走动关系拉拢剧院的经理，邀请自己喜欢的戏剧新秀参与演出，终于等到了彩排，开始的时候，纪德安慰自己一切都好，自己的作品就要被搬到剧院上演，可是彩排到第二幕的时候，纪德自己都看不下去了，感觉糟透了，第三幕都还没开始，纪德就已经退场了。这次在戏剧上的尝试以失败告终了。

但是，纪德并没有放弃自己在戏剧上的尝试。他继续请朋友们给自己的剧本提意见。可是由于纪德本身是个小说作家，行文方式又飘忽不定，理解纪德、欣赏纪德的人又是少数，所以他创作的戏剧始终没有火爆起来。但他还是不断地作着自己的努力，最终他找到了吕涅·布——健身房剧场的负责人，他当时有意向购买纪德的剧本。最后，合同终于签下来了，而实际上这份合同表明话剧基本上还是由纪德自己出资，几经周折，纪德终于把他的《桑佗儿国王》搬上了话剧舞台。

纪德是个敢于尝试的人，发现自己对于话剧有偏爱之后，便不断地努力创作，经常往来于欧洲很多城市，寻找欣赏他、能够接受他剧本的人，也经常到剧场里去看话剧，不断地学习。虽然事实证明话剧这种表演艺术并不适合纪德，但这种勇于努力，勇于尝试的精神值得我们学习。

5. 小团体

纪德想建立一个属于自己的小团体，大家齐心协力，可以更加促进自己的写作，而对于每一位小团体中的成员而言，建立小团体也是有益无害的，这样大家可以交流观点，发展自我，结识更多的朋友。

玛亚·冯·舍利尔贝尔，这个女子在纪德的圈子里占有一个特殊的地位，她虽然不写作，但对这个圈子却起着非常重要的作用。1899年纪德见到她的时候，她33岁，是新印象派画家冯·舍利尔贝尔的妻子。她有一个女儿，名叫伊丽莎白。夫妇两人长期分居，但相安无事；她经常找她的朋友迈瑞齐玩，而迈瑞齐也已结婚，嫁给卢森堡一个大实业家，她也是纪德的崇拜者。玛亚·冯·舍利尔贝尔的聪明才智和对纪德忠实的友情及完全独立的思想，使她在纪德小团体的内部和外部都如鱼得水，游刃有余。

纪德这一行人又加入了盖翁、勒伊特、德鲁安和另外两个新使徒。头一个是从丹麦过来的，名叫科波，是法国的作家兼演员，对戏剧情有独钟，出身于巴黎一个小资产阶级家庭。他娶了一个丹麦女子为妻，于是便到丹麦去生活，靠教授法语为生。他就是在那里接触到《蔑视道德的人》这本书的，通读之后，他立即写了一篇关于这部小说的评论文章。纪德发现了他，给他写了一封信。科波回到巴黎后，就到哈斯巴依大街拜会纪德。他跟纪德说，他"想把纪德的思想当做一门科学来看待"。后来他去阿登了，他家在那里有一个作坊，需要他去管理。他是个热情奔放的人，很有礼貌。纪德首先是设法让这个精力过剩的小伙子冷静下来。科波缠住纪德不放。纪德首先想知道年轻人的水平，于是让他为《隐居》写几篇文章。这些文章写得不错，笔锋犀利，对流行戏曲的创作倾向毫不妥协。1904年11月，科波回到巴黎，另谋生路。如此一来，纪德认为他的小团体加了一名得力干将。早在1904年3月，纪德就在写给他的信中说："你开始成为我生活中必不可少的一部分了。"

施伦贝格，法国小说家、剧作家、评论家，他是基佐的外孙，比纪德小8岁，是纪德在拉豪克柏纳的近邻，纪德早就认识他。以前，俩人之间没有来往过。施伦贝格有一副好心肠，关心社会问题，思想稳定、成熟，是个虔诚的新教教徒。纪德引人注目的才气吸引了他。他的家庭在经济上很有实力，所以他无需为生计而奔波。人在经济上获得满足之后，一般都会开始转向在精神上谋求更高的追求，他在精神上迫不及待地追求着艺术生活，意大利令人叹为观止的艺术氛围更激励了他的热情，因此他选择纪德作为他的导师，希望纪德在艺术上做他的启蒙老师，纪德虽然和他不算熟悉人，但是对他并不反感。而且纪德是个乐于用自己的理念教化开导年轻人的人，师徒关系逐步明确，纪德写道："因逐步交心而建立起来了"。

在拥有自己的小圈子之后，纪德终于感到在文学上有了一种归属感，终于有了属于自己的一辆战车，从此有了战友可以在文学的道路上共同前行。事实也证明了，纪德的小圈子从建立起的那一天开始就同患难，共甘甜，这个小圈子陪伴了纪德一辈子。

6. 全新的文学观念

《沼泽》在1896年正式发表之后，在法国文坛引起巨大的轰动和关注，法国重要的文学报刊几乎都发表了对它的评论，不管是那些在文坛德高望重的批评家们，还是纪德的朋友——新生代的评论者，都对这部作品做出了一定的评论，它甚至在一个时期内成了法国巴黎街谈巷议、特别是上层文化人的沙龙里议论的重要活题。

这一点，我们可以从法国另一位诺贝尔奖获得者弗朗索瓦·莫里亚克的自传体小说《福隆特纳克的秘密》中隐约看到。莫里亚克在这部小说中不仅通过书中人物的对话谈到《沼泽》这本书，而且其本身创作手法上也带着《沼泽》中某些艺术手法的影子。

《沼泽》这部只有4万字的小说所包含的巨大的思想容量和艺术内容是惊人的。我们从第一页便能感到它与一般的小说有大不相同的味道，它所展示的不仅是作者个人思想中剧烈的矛盾和冲突，而且它所展示的文学观念是全新的和极为奇特的。这种全新的文学观念比雅克·里维埃提出的"文学观念的危机"早了30年，比"新小说派"提出的"反小说"的认识提前了40年。他在这部小说中采用了"文心"的艺术手法——即故事中套故事和故事与事实交叉起来，分不出作者的真实存在与小说的虚构情节的区别，这种手法在作者后来的小说《伪币制造者》中有明显地增强，但这种手法是在《沼泽》中第一次使用的。也可以将《沼泽》看做是纪德对旧有文学观念，文化观念和人生观念的一次激进的发难。

他通过小说中的主人公对当时弥漫于文学沙龙的那种目光短浅、盲目的行为，特别是虚伪作风提出了尖锐的批评，《沼泽》实际是当时整个法国文坛，甚至是整个社会的象征。在这里人们固执一端，因循守旧，蝇营狗苟，却依然心安理得，安之若素，甚至盲目乐观，沾沾自喜于一得之功，夸夸其谈于一孔之见，不因自己的愚昧浅陋而羞耻，反以自己的侥幸于一时而洋洋自得……作者在作品中，以一种带着对自我存在进行深刻反省和严酷解剖的凌厉笔触揭示出人类匍匐于旧的习惯，旧的思想，旧的观念，甚至自己的一切旧有的顽固惰性和先天劣根性之前的可悲处境。在这篇作品中作者还以极为痛楚、极为真诚的笔触，揭示出了自己作为一个资产阶级知识分子的无奈，尽管他清醒地看到了这一切的阴暗和可怕，可他像被粘在蛛网上的小虫一样竭力挣扎，也仍没有跳出这个可悲的境地，而他唯一值得自慰的是，他在自己的作品中表现了某种大胆的真诚。尽管他竭尽全力把自己的见解，自己的感受，自己的希望和自己的向往告诉他周围的朋友，可这些人不是对他不理解，就是曲解他，或者干脆明确地反对他的看法。而作者自己也只是一个思想上的理想主义者，行为上的卑怯者，这也正是他永远从沼泽中挣扎不出去的根本原因。

《沼泽》最精彩的部分是《宴会》这一章，这一章中小说主人公与朋友之间的辩论很激烈，不过作者则另有一番隽永的安排，首先是安瑞尔（沙龙的女主人）的沙龙的窒息与狭隘，其次是这些文人墨客的夜郎自大，从而形成了极为巧妙的充满喜剧色彩的嘲讽艺术，这个沙龙里虽然只能容几个人，可是一下子却挤满了十几个人，而且上楼之前得先吸足空气，否则来到这里受不了，而女主人为了使沙龙能维持下去，在窗上安了一个换气扇，出于虚荣，这个换气扇被帷幔严严地盖着。这种带有象征性和寓意性的环境，该有多么意味深长！与之形成对比的是，来这里的文人各自夸夸其谈，旁若无人，其不可一世之概和诡辩之势简直令人作呕，而作者的嘲讽全在不言之中。人们会想这么一群夜郎自大、不可一世的人物，竟然能在这样一个狭小而窒息的环境里过得十分愉快，主人已经大喊太晚了，可有人说"还好，天不太晚"，并盼望下次再会……

作品的主人公在四面受敌，甚至一片歪曲攻击和嘲笑声中，竭力阐明自己的主张，他举出人们因循守旧的种种生活范例，他说："人们明明栓好了门，还要再看一看；明明打好了领带还要再摸一摸，扣好了扣子还要再结一结地……"他把这种以怀疑自己是否达到了规范的行为叫做"溯旧病"。他甚至有点夸张地说，为了不和昨天一样，他宁愿用手掌，而不是用脚散步……他的话自然又受到嘲笑，人家说用手掌走路倒像是他干出的事情。总之，当人们沉湎于旧有的习惯、规范和观念中的时候，这样一个在行动上软弱无力的人尽管在思想上很激进，他的下场也只能是可悲的失败！

纪德在结尾处用非常辛酸和低沉的笔调写道："一片闪着光泽

的死水将往年的落叶和赏心悦目的春叶浸泡得软化了，我们无用的决心，在那里安息，我的思想在那里缩成微不足道的一团。"

《沼泽》中主要人物蒂弟尔被沼泽形成的大小圈子围着，可以说整个人类就是一代一代地转着圈子，所以主人公自己最后不仅陷进了自己十分清楚的圈子，而且最后将这个圈子封闭了起来。"不断地跳出圈子"是纪德的晚期作品中忒修斯的格言，也可以说是纪德的思想追求。纪德的确不断地以激进的思想方式跳出旧有的圈子，但他始终也未能跳出制约着他的牢不可破的历史范畴，纪德的思想在这里表现得极为激进而真诚。

7.　《地上的粮食》

1897年出版的《地上的食粮》，是纪德背离象征主义，重新使自己的文学创作"接触大地"的标志。纪德在谈论这部作品的创作动机时说："当我写作这本书的时候，文学界正弥漫着一股极端的造作和封闭之气。我感到迫切需要让文学重新接触土壤，让赤足接触大地。"（日记，1926年7月14日）再次出现的"赤足"的意象表明了作者摆脱神秘主义和象征主义羁绊，倡导自然，歌颂幸福的新文学观。然而，就在这宣扬尘世幸福的作品里，纪德仍然没有放弃他的"上帝"。只不过上帝不再是一个高不可攀、虚无缥渺的绝对概念，而是存在于所有的事物，所有的生命形式里——"纳塔纳埃尔，别把上帝和你的幸福区分开"；"有些人用对上帝的爱来证明上帝的存在，纳塔纳埃尔，这就是为什么我把我所爱的一切都称作上帝，也就是为什么我想爱一切事物"。这几乎已经是一种万物有灵的泛神论思想了。

《地上的食粮》在纪德的创作生涯中是一道分水岭。从写作风格上来看，这是纪德摒弃象征主义的晦涩艰深，追求清晰、优美、明快的风格的重要一步；在纪德的宗教思想发展过程中，《地上的食粮》也有着不同寻常的意义。在纪德的世界里，人本主义第一次战胜、或者说包容了宗教迷狂，充满焦虑的虔诚让位于对生命的尽情歌颂。纪德为新教宣扬的克己、苦修与他新近感受到的生命的喜悦的交汇找到了一个绝好的借口，一个冠冕堂皇的理由：我们可以像爱生活那样爱上帝。这样一来，上帝不再是遥不可及的，生活也不再是恶俗不堪的，两者终于能在一个更高的层次上相遇。

《地上的粮食》是相对于《圣经》中的"天粮"或"神粮"而取的名字，在《福音书·约翰福音》中耶稣对众人说："这是从天上降下来的粮，叫人吃了就不死……"《地上的粮食》象征人类在大地上谋取幸福的精神食粮。《地上的粮食》是一本带有哲学色彩的散文集，它既有哲学深邃的思想，又兼具散文优美的文笔。整本书没有什么线索，就像是一条流动的河流，随着作者的思绪，从一边漂到另一边，在感悟生命之美的同时，也能从中觉出一些作者关于社会与时代的思考，总之，这本《地上的粮食》对于读者来说，就是一本可以随时进入的书。

19世纪中叶，文学上自然主义代替了浪漫主义，尼采高声呼喊上帝已经死了，我们不应该以上帝为中心来思考问题，而应该以人类为中心来思考问题，人们的心灵在基督教的约束下受到压制，我们应该抛弃上帝从而获得自由；另一方面，尼采提出了自己的超人哲学，尼采对现代人以及现代生活都很失望，他梦想着一种全新的人——超人的存在，"所谓超人，不是一个具体的形象，而是虚构的，他拥有不可比拟的卓越品质，而如今没有这种人的存在，但是我们要努力成为超人。"但是到了19世纪末的时候，人们的生活安定富足了，人们开始讨厌那些虚无的思想，开始由仰望上天开始思索脚下，纪德就是在这样的背景之下写出来《地上的粮食》的，它就是一本充满对大自然、对生命热爱之情的书。

《地上的粮食》最终通过法兰西墨丘利出版社出版了，一开始读者没什么太大反响，纪德自己也预料到了这样的结局，他说，"我的书太自然化了，只有那些精雕细琢的人，才能明白它其实并没有矫揉造作，因为这本书本身就不是文学，它本身就超越了文学，所以人们刚一接触到它，首先接触到的是文学的精髓"。所以对这本《地上的粮食》，评论界出现了许多批评的声音。他们觉着纪德的书是可怕的，因为书的内容多是关于纪德个人的情感，表达方式也不够明确。

就在此时，一个名叫热昂的年轻人在《隐居》上发表了一篇文章，他表示很赞赏纪德的才华，他认为纪德有一颗躁动不安和多重的心灵，但又和谐一致，自然中不失分寸。他是真正懂得纪德的人，真正懂得了《地上的粮食》想要表达的那些痛苦和愉悦的经验。甚至在文章中毫不掩饰地直接夸赞，"这是一本值得加倍赞赏的书，因为它唤醒人们的思想，人们的感觉。现在，已经是法国最伟大的思想家和散文家的纪德先生，同样应该算是最伟大的诗人。"

自此之后两人开始联络。纪德在信中热情地对晚辈表示出了关心，给他意见，倾听热昂的意见。此外，还有一位作家也支持纪德，他叫做勒依特，他在21岁的时候，就很崇拜纪德所写的《于里安游记》，他把自己的一部分作品送给了纪德，并热情地邀请纪德到比利时去。勒依特扩大了纪德在比利时的影响。

因为《地上的粮食》一方面是人们所需要的精神粮食，为人们带来了爱、希望和自由，另一方面，纪德不懈地追求真理，并在其书中一以贯之地坚持独立思考和与时俱进的精神。终于，在多年以后，这本书成为了法国青年醉心的读物。这本书甚至影响到了政界的关键人物，1981年法国社会党人密特朗竞选获胜，当了法国总统。当时的媒体竞相报道说，密特朗的枕边读物就是《地上的粮食》，这是他生活的准则，行动的指南。可见，《地上的粮食》再后来真的成为了人们"心灵的粮食"。

8. 德雷福斯事件

　　1894年的时候，法国陆军部情报工作部通过当时安插在德国驻巴黎的使馆的特工得知，法国军队内部有人向德国人出卖国家情报，此事一出，负责管理这个案件的法国军官人员便以间谍罪和叛国罪逮捕了当时法国总参谋部的见习参谋德雷福斯，只因为德雷福斯是犹太人。事后一些专家在研究了相关材料的笔迹之后，认定笔迹并非是德雷福斯的，但即使这样，德雷福斯仍被政府部门秘密关押着，军事当局拒绝承认自己的错误，力图将事实掩盖起来。政府的决策得到了反犹太主义者的支持，而当时一些正直的人士则表示了强烈的愤慨。顿时整个法国分成了两个阵营。民族主义作家巴雷斯是"反重审派"的主要代表人物，而作家左拉则属于"重审派"，这一派别的人们相信德雷福斯是无辜的，要求政府释放德雷福斯。左拉于1898年1月2日在《震旦报》上发表了致共和国总理的公开信——《我控诉》，措辞严厉地抨击了法国军事当局在德雷福斯事件中的不妥当处理。在军方的介入下左拉被控犯有诽谤罪，判处一年监禁和三千万法郎的罚款，庆幸的是左拉当时逃到了英国，躲避开了这次劫难。

　　纪德当时并不在法国，他和玛德莱娜出门在外，但当他在罗马看到了关于德雷福斯事件的新闻，转而开始同情德雷福斯，等到1月14号回到巴黎之后，纪德在支持德雷福斯的声援书上签了字，公开表态支持"重审派"。纪德看到当时签名的声援书上自己名字的前面是一位学院院士，他名字的后面是一位大学老师，声援书前面几页里面包括了很多文坛上的巨匠，有左拉、法朗士、普鲁斯特、弗莱尔、米尔博、皮萨罗，等等，还有《白色杂志》的主编费奈隆，声援书上多半都是文学和传媒圈子里的人。但是"反重审派"的支持者名单里面却包括了法国社会各界的名流人士。

其实，纪德并不是一个特别关心政治的人物，大多数时候纪德的关注点都是自己身边的人以及周边的生活，他曾经说过："莫谈国事，别读报纸，但是别失去跟任何人谈论政治的任何机会。这样做虽然对了解政治没有帮助，但是可以提供绝佳的了解人们个性的机会"，可见他对政治的关注点只是活跃于其中的作为个体的人。纪德只是很单纯的同情德雷福斯的遭遇，十分同情德雷福斯主义的内涵，"我突然意识到祖国的美名和她在世界上所享有荣誉的价值。我不遗余力地捍卫的就是这些，尽管我人微言轻。我眼中的德雷福斯主义既没有对军队的敌视，也不排斥耶稣会的人。同样，我的德雷福斯主义也不是偏爱犹太人，犹太人也没有感到有什么值得愤慨的地方。"

纪德对这件事发表过自己的观点："他们断定我们会迷失本性。德雷福斯事件爆发的时候我已经看到这一点了。在他们看来，在德雷福斯的支持者们中，除了地地道道的流氓、反法兰西的反军国主义者们之外，只剩下一些傻瓜了。因为他们意识到真理并不在他们一边，所以就不惜采用造谣来达到自己的目的。真理中当然有危险的成分，谎言中也有有益的谎言。诚心诚意颂扬真善美，无意中也会犯错误。凡事必须区别对待，任何事物都是相对的。只有宗教可以宣称自己是绝对的。人们一旦来到现实中，置身历史中，卷入事件中，思想上即便没有政治倾向，也会打上环境的烙印。人们应该承认这一点。……我从怀疑论者们的种种批评中，看不到他们中有任何人，在批评他人时，他们自己有什么坚定立场和观点。"

政治斗争是很复杂的，每个人为了能够从其中得到满足自己利益的东西，很可能会选择一个自己心知肚明是非道德的决定，但还是默默地站在了自己利益的一方。纪德刚刚选择占到德雷福斯一边，和法朗士、和左拉这样的文学大师站在一起，就已经面对了来自社会各界方方面面的压力，其中最大的压力来自法国政府。德雷福斯事件之后，纪德也和民族主义作家巴雷斯决裂了，而曾经关照过他的文学大师马拉美也于1898年去世，在纪德心目中，马拉美是一个值得崇敬的巅峰，大师去了，纪德也就没有崇拜对象了，文学界需要一个新的方向，另一种粮食。

纪德在德雷福斯事件中的表现说明了纪德并不是一个容易被谣言或者某些强大的政治力量所干涉的人，不能因为仇视某一种族就把是非颠倒，不能因为政府犯了错而选择臣服于强大的政治力量。他始终坚持自己内心的价值标准，德雷福斯既然不是间谍，军队就应该把他释放，政府也应该对其进行道歉，而不应该将错就错，每个人都是平等的，应该给予每个人正常生活的权利，只有公正并且不偏袒某一方的裁决，才能得到大家的臣服，才是一种正确的表达爱国的方式。

9. 《蔑视道德的人》

1902年初，纪德又开始写日记了。这几年，法国作家司汤达对纪德的影响很大，司汤达的作品中描述了很多法国当时男男女女之间灯红酒绿的生活，这是纪德很不熟悉的。通过阅读司汤达，并从中发现了两人之间的差距，他认为司汤达在写作的时候是有创作冲动的，而对于他自己而言，写作是分苦差事，他没有什么兴趣，每天的日记就像少年时代宗教上的苦行一样，逼着他粗暴地对待自己的身体，以便能够更纯洁地面对上帝。日记就是一本流水账，就是把在自己周围发生的无足轻重的和反反复复发生的事情一遍一遍的记录下来。不用担心文笔的好与坏，内容高雅还是粗俗，因为日记在本质上就是一个人对自己的反观罢了，有他好的一面，也有他阴暗的一面，纪德早期的日记确实给他带来了一些灵感，也给他提供了一些素材，但是现在，那些日记已经不能再用了。

那时候，在自己写日记之余，纪德还疯狂地阅读龚古尔兄弟的日记。从中又忍不住地思考着龚古尔兄弟的日记，他想把他的想法表达出来，但是一经过表达的话，又会把自己逼到写作的状态，又会把自己的大好时光浪费在上流社会之间的各种你来我往的朗诵会上面。这是纪德那时候极力避免的，纪德的内心就在写与不写之间徘徊着、犹豫着，并苦苦挣扎着。最终的结果是，纪德在一段时间之内停止了写日记，但是在1905年，他又开始写日记了。1905年的5月20日是一个值得纪念的日子，《蔑视道德的人》第一版就在这一天面世了。

该小说主要情节如下： 出生于清教徒家庭的米歇尔将与他并不爱的玛丝琳结婚，此时的他已经身染重病。他与玛丝琳到北非旅行结婚，在北非的旅行使他恢复了健康，并重新品味到了生活的乐趣。这次感官上的解放同时也使他不再墨守成规，摆脱了传统道德观念的束缚，他充当了一个具有偷窃倾向的阿拉伯小男孩保护者的角色。在容忍这个阿拉伯小男孩偷窃行为的同时，他也感受到了突破传统道德观念的快感。在他和玛丝琳旅行结婚结束回到法国以后，玛丝琳小产了，病得很严重，但是他并没有充分履行一个丈夫的职责，去照顾他的妻子，当玛丝琳病情好转以后，他们又一次到非洲长途旅行，玛丝琳无法适应非洲恶劣的天气，他不去照顾病重的玛丝琳，却和一些阿拉伯小男孩寻欢作乐，玛丝琳的去世终于使他从无爱婚姻的束缚中解脱了出来。

不少研究者对主人公的做法是持批判态度的，小说主人公只顾自己玩乐，而且对重病卧床的妻子不管不问，最终导致了她的死亡。小说主人公不顾重病卧床的妻子，一味追于自己的欢愉，就是违背传统社会道德的，因此小说主人公是藐视道德之人。对小说主题作这样的解读，正如作者所预料的那样，即使少数几个人对米歇尔的这段经历感兴趣，也无非是疾恶如仇，要大义凛然地谴责他。将主人公视做"藐视道德之人"，实际上只是看到了表象。其实作者是对小说主人公抱有同情和理解态度的，正如不少研究者所认为的，该小说带有一定的自传性质，米歇尔从某种意义上说就是纪德。《纪德研究》一书中也持有这样的观点，书中是这样阐述的：从纪德的个性来看，他并不是一个有意与既有成规对抗，或故意反其道而行之的激烈的抗争者，纪德是一个希望挣脱束缚，我行我素的"纳咯索斯"，他希望在自由和自主的状态下完善个人的道德观。他不接受任何道德的约束，拒绝有一种凌驾于个人行为准则之上的道德规范。因而，纪德主张的其实是一种"非道德主义"，而不是主张"违背道德"。

尼采的思想也成了整部作品的思想内核，作品主人公米歇尔身上那种鲜明的"非道德"色彩就带有浓重的尼采气息。纪德创作出小说主人公米歇尔不是为了批判他的不道德行为，而是希望表达自己对冲破封建传统观念束缚的渴望。纪德在小说前言里写道："这种义愤，似乎是违背我的意志而产生的，而且来自米歇尔及我本人。"本书既不是起诉状，也不是辩护词。因此，小说的主题应理解为：突破传统道德的束缚，向人的自然天性回归。从整个小说的结构看，分成对称的两部分，前半部分主要描写米歇尔的病情及病情的康复，后半部分主要描写玛丝琳的病情及她最后的病亡。米歇尔的病情和玛丝琳的病亡都有象征的意义。

米歇尔的病情象征着传统道德观念对天然人性的压抑。米歇尔出身于清教徒家庭，从小受到传统道德观念的束缚，这种束缚是如此地违背人的自然天性，使他不堪其重负，终于生起病来，而病痛正是由于人的身体正常机能受到损害引起的，是与天然健康的人相对立的。米歇尔经常咳血，在文中"我"以为自己得的是结核病，他没有去医院救治，却反而到北非去旅行结婚，在北非优美的自然风景熏陶下竟然奇迹般的痊愈了。这实际上是作者的一个暗示，米歇尔的病并非是真的病，他全身心地投入到大自然，即人的自然天性得到了充分的恢复，这时的米歇尔已经是一个纯粹的人，摆脱了传统道德观念束缚的人，因此就是一个健康的人了。作者在小说前言里也写道："如果几位明公只肯把这出悲剧视为一个怪现象的笔录，把主人公视为病人；如果他们未曾看出主人公身上具有某些恳切的思想与非常普遍的意义，那么不能怪这些思想或这出悲剧，而应当怪作者。"

玛丝琳这个人物实际上是传统道德观念的象征，她一心一意爱自己的丈夫，在他生病时对他无微不至地关怀，这是一个传统道德观念下贤妻良母式的人物。作为传统道德观念的象征最为恰当。但是米歇尔并不爱她，甚至可以说不了解她，"我很不了解我妻子，想到她也同样不了解我。我娶她时没有感情，主要是尊奉父命。虽说我不爱我的未婚妻，但至少我从未爱过别的女人。""不了解"、"不爱"表明"我"内心深处对传统道德观念的抵触，"父亲"

是传统权威的象征，是维护原有道德规范的象征，作者是被迫接受了传统的道德观念。"我"与玛丝琳的婚姻实际上成了追求自由的束缚，传统道德观念要求"我"维持现有的婚姻状况，对玛丝琳忠诚，甚至要伪装出爱她的样子。但是面对感官享受的追求和病榻上的玛丝琳，"我"还是顺应天性选择了前者。玛丝琳最后死去了，"我"也由此获得了自由，不再需要履行忠诚的义务。玛丝琳的最后死去标志着作者突破了传统道德观念的束缚而向着人的自然天性回归的强烈意愿。

《藐视道德的人》最初只印刷了3000份，因为如果印刷12000份的话，那就是4倍的卖不掉，只会让纪德4倍的难受。事实也如预料的那样，评论界反应平平，他不知道自己的这部标新立异反应一种异于常人思维的小说是否会有读者，读者又是否能理解与接受。这些都是谜，而且对于纪德来说，这本书如果推向大众的话，自己又将面临些什么，其实纪德也不知道，但这部小说出版几个月之后，纪德又为自己的书加了一个再版序言，宣称他没有想让他的主角当模范，也没有谴责他，他只是创作了一个艺术作品，而在艺术上，这是没有问题的。

这样做其实是此地无银三百两的感觉。书并没有获得成功，反而还差一点爆发了丑闻，差一点把自己想要掩盖的事实曝光。小说一出版，他的朋友雅姆就觉得这部小说完全就是一部心理疾病一样的不健康的大败笔。

此刻的纪德陷入了一个尴尬的境地，他不得已坦白了人们早已认定的事实。其实，他思想上进行着斗争，他没有想要掩饰自己，只是迫于一种社会压力，而且也不想伤害妻子玛德莱娜，这个情况是始料未及的，他自己也说过，"我们想让丑闻晚些时候再爆出来，我们本可以在一起工作很长时间，获得以诚待人的权利。但是现在，老朋友，我想我们把事情搞砸了。这是预料不到的事情，我会把它应付过去的"。最终，《藐视道德的人》以挑战当时社会主流价值取向的失败而告终。

第四章　战争波动的岁月

1. 创办《新法兰西评论》

　　我们的热情战胜了苦难，战胜了死亡，阴影向我们让步。每天早晨我的快乐唤醒我，我黎明即起，奔出去迎接这一天……现在想起那时候，仿佛依然是清新地沾满露珠。

　　1906年，《隐居》杂志宣告停刊，《隐居》的停刊让纪德有点难过，一时间沉浸在悲伤里缓不过神。但纪德的小团体觉着《隐居》虽然失败了，但是还是需要一个属于他们的文学阵地。于是就开始商讨创立一个什么样的杂志作为阵地比较合适。其中一个叫做蒙福的人建议把这个杂志的名字定为《法兰西评论》，因为那时的法国处于一个爱国热情和民族主义精神空前高涨的时期，蒙福认为取这样一个名字比较符合当时的时代特征，满足了大众的消费心理要求。另一位杂志的发起人科波建议加一个"新"字，以便更好地反映他们这一群体的革新愿望。

　　1911年1月，在新创办的《新法兰西杂志》，雅克·科波写了一篇很长的文章《戏剧批评》。在他看来，列昂·布吕姆的专栏文章过于肤浅。由此他哀叹批评家们软弱和贯于献媚讨好，并呼吁：

我们需要严厉的检查官，需要头脑清醒的正人君子，他毫不气馁地揭露软弱和无章可循，揭露谎言，使精神恍惚者重新获得更纯粹、更稳定的抱负，同时向他们推荐伟大的典范和完美的范例。

一个月之后，这种呼吁又在加斯东·索弗布瓦发表在《独立批评杂志》上的《批评的危机》一文中出现了：

"建立一种新批评的任务已经开始……这一任务是美好的，诱人的。我们都感到它的出现之必要。难道不正是因为它的功能未能很好地完成，文学和其他艺术才处于我们现在见到的这种无政府状态和危机状态吗？在这种新批评对任何人都不禁止的范围内——它本应如此——那些篡夺者，投机取巧者和商人却乘虚而入了。"

就在这种情况之下，他们在巴黎市蒙马特区莫尼埃路26号找到了杂志社的办公室，搬来了几张老旧的桌椅作为办公室的设施。他们做完了这一系列硬件上的准备，就开始招手操办杂志创始人的名单，然后是栏目的设置，再接着就是研究文章的篇幅风格特点以及各个编委内部的分工。纪德那个时候正忙于《窄门》的创作，无暇顾及杂志社的创立。直到施伦贝尔找到他希望他给杂志社创刊号写几篇文章的时候，纪德才真正地加入了《新法兰西评论》，并为创刊号写了4篇文章。

其实在纪德心里，他并不是特别想参与进杂志社的活动了。因为《新法兰西评论》的编委构成纪德不是很满意。编委会的成员们一部分来自纪德原来担任编委的《隐居》杂志，另一部分来自欧仁·蒙福尔领导的《边缘》杂志，他们两伙人在艺术方面的创见基本上没有什么共同点，纪德也不想在艺术方面作出退让。他说过："想法可以交流，但审美观是没有讨论余地的，格调也是一样。我可以跟别人达成妥协，结成联盟，但不会为他人唱赞歌。"

虽然两派人马在艺术方面有着不可磨合的地方，但《新法兰西评论》还是在1908年11月15日面世了。编委之一蒙福在创刊号上刊登了两篇文章，一篇是布朗热写的文章，他在文中为德·阿农齐奥唱赞歌；另一篇文章是波凯在"其他期刊要闻"栏目上发表的向象征派鼻祖开战的宣言书。纪德顿时气坏了，因为他认为批判马拉美的文章不妥当，他认为马拉美在文学上有着不可撼动的地位；另一篇关于德·阿农齐奥的文章显得俗气。由此，纪德和蒙福大吵了一架。蒙福认为杂志应该敢于吸收不同的观点，应该成为不同观点辩论的场所，他认为杂志不能只是如纪德所赞同的那样只发表同一种类型的文章。两派不断斗争的结果是蒙福一方退出杂志编委会，蒙福手下的人最后回去改革《评注杂志》了，纪德最后还是对大家做出了声明："我要特别说明的是，我们和蒙福还是以朋友相待，因为我们仅仅是不能协调一致，合作也没有意义，所以才一致决定分手的。"后来，《新法兰西评论》经过杂志内部的人事调动，编委主要由纪德、科波、让·施楞贝格尔等人组成，而杂志的资金则主要由纪德和让·施楞贝格尔提供。纪德虽然是杂志真正意义上的领导，但科波作为刊物的执行主编，也对杂志作出了卓越的贡献。作为杂志领导人的纪德把自己刚完成的《窄门》也交给了《新法兰西评论》出版，纪德是敢于冒险的人，他还赌上了自己的作家生涯。

1909年2月，《新法兰西评论》编委会推出了新一期的杂志，并且把这一期标注为第一期，他们此举的含义显而易见，之所以将这一期标注为第一期，是想表达这才是他们新的一期，这才是真正的创刊号。

　　在杂志社成员的共同努力之下，《新法兰西评论》开始一步步地成长起来了。因为杂志渐渐步入正轨，纪德欣喜不已，于是纪德决定尝试更多的事物，想办一个出版社的决定浮现在了脑海里，他想把法国文学史上伟大的作品以精美的版本进行重印。全杂志社的编委们也积极配合，大家共同出谋划策。确定了第一批要重印的小说，其中包括克罗戴尔的《人质》、菲利普的《母与子》以及纪德的《伊莎贝尔》，等等。纪德对这批书的出版非常有信心，也对这批书倾注了大量心力，他反反复复地校对着，以达到最完美的程度。1911年5月31日，这个由杂志社创办的出版社成立了，1919年，加斯东·伽利马把杂志社与出版社作了一次分离，成立了名为新法兰西评论伽利马的图书出版社，这就是伽利马出版社的前身。

　　为了让杂志发展得更为顺利，市场更为广阔，纪德也开始面向社会网罗人才。更多的新生力量进入了杂志社，这其中就包括克罗戴尔的学生雅克·里维埃，里维埃当时生活窘迫，是纪德的雪中送炭才帮他渡过了难关，进入杂志社没多久，里维埃就显露出了才华，他写的一些评论性的文章深受纪德的称赞，也在主编的执行助理这个位置上做得如鱼得水，几年后，就顺利地接替了科波，做到了执行主编的位置。在他的努力下，《新法兰西评论》又向前迈进了：在纪德创建的这个文学阵营中，相继推出了一些文人，如集小说家和戏剧家于一体的于勒·罗曼斯、批评家阿尔贝·蒂博代、小说家亨利·傅尼耶，等等，这些人后来也成为了法国文坛上重要的人物。

2. 《窄门》

出版于1909 年的《窄门》是继《藐视道德的人》之后纪德的第二部叙事作品。"窄门"这个名字来自于《圣经》，《圣经》故事说耶稣往耶路撒冷去，经过各城各乡时，有一个人问他，"主啊，得救的人少吗？"耶稣对众人说，"你们要努力进窄门。我告诉你们，将来有许多人想要进去，却是不能……"因为引到灭亡，那门是宽的，路是大的，进去的人也多，"引到永生，那门是窄的，路是小的，找着的人也少"。这里说的意思是世人都有罪，不能自救，但如信仰耶稣基督，则能得到救赎，死后灵魂可入天堂，享受永生。而要达此目的，需得自我约束，付出相当的代价，如必须遵守严格的"四规"、"十诫"，这就犹如进"窄门"。

这部作品使用单线的叙事结构，故事情节并不复杂。表姐弟杰罗姆和阿莉莎都是富有的新教家庭的孩子，从小接受严格的新教教育。杰罗姆无意间发觉了阿莉莎的秘密：她有一个行止不端的母亲。阿莉莎背负上了沉重的精神负担，而杰罗姆对表姐的爱情从此升华为一种混合了怜悯、爱惜、崇敬的复杂感情。但阿莉莎虽然也爱杰罗姆，却一直拒绝杰罗姆的求婚。先是在发现自己的妹妹对杰罗姆的感情后，宁愿牺牲自己的幸福而成全他人，而后又宁愿放弃尘世的幸福而追求天国的永生。最后，阿莉莎抑郁而死，留下的大篇幅日记向杰罗姆，也向读者展现了她心中的矛盾和痛苦。一方面，由于母亲的无端行为，阿莉莎内心充满了罪恶感，对尘世的幸福采取逃避、拒绝的态度；另一方面，所经历的痛苦使她更加坚定了自己的新教信仰，她对上帝的虔诚最后发展到一种近乎迷狂的克己和苦修。

在阿莉莎的日记里，我们读到这样的句子："如今我问自己：我所期望的究竟是幸福，还是通往幸福的道路。'哦，主啊！请不要赐给我轻易可得的幸福！教会我拖延，让我把我的幸福推迟到您的身边。'"在这样的呼号里，我们与其说看到了对彼岸的无限向往，不如说看到了对尘世幸福的畏惧和逃避。在书中，杰罗姆是同时作为叙事者和故事经历者出现的，但显然阿莉莎才是《窄门》的真正主角。相比之下，杰罗姆的形象要单薄得多。他的痛苦是单一的，他因为阿莉莎的拒绝而痛苦。而阿莉莎的痛苦却是多重的：母亲的堕落、父亲的悲伤、爱情的渺茫、天国的遥远。

纪德的才华在于他描写了单纯的心理因素可能具有的巨大力量：阿莉莎的痛苦在很大程度上源于自己的内心。她与杰罗姆的结合的最大障碍并非来自外部的压力，而是来自她自己内心的恐慌和犹豫。在这个意义上，纪德将基督教可能对人产生的影响表现得淋漓尽致。宗教在本质上来说只是一种无形的东西，但却具有比外部障碍更大的力量。宗教的约束与一切非强力的道德约束一样，能在善良和虔诚的人的心里唤起共鸣。这种共鸣诚然可以表现为对真、善、美的追求，但一旦过度，却是危险的。阿莉莎不仅自己逃避幸福，还认为自己的存在是杰罗姆接近上帝的最大障碍。宗教迷狂被她推向了极致，甚至超越了利他主义的范畴：她最后不仅牺牲了自己，也牺牲了别人。《窄门》的主人公杰罗姆与纪德在自传中描述的自己几乎有同样的经历：童年丧父、被母亲抚育长大、爱上自己的表姐……而阿莉莎的经历，包括少年时经历的母亲的不贞，也与现实生活中的玛德莱娜——纪德的表姐和夫人——的经历如出一辙。另外，玛德莱娜也像阿莉莎那样，有虔诚的宗教信仰。《窄门》末尾阿莉莎的日记，有许多地方是照搬了玛德莱娜在婚前的日记中的段落。这些相似之处使评论界一度认为这是一部自传体小说：杰罗姆就是安德烈·纪德，阿莉莎就是玛德莱娜·纪德。我们在此并不试图抹煞纪德夫妇与《窄门》主线叙事内容的参照关系——这种参照关系是有目共睹，是谁也无法抹煞的。我们只是想就此审视另一个问题：如果这部作品真是以纪德夫妇的真实经历为背景，那么同是这段经历主角的纪德，有没有可能只把自己化身为一个形象单薄的第一人称叙事者杰罗姆？诚然，杰罗姆不是单纯意义上的陪衬，他是整个故事的见证人和参与者，是阿莉莎和妹妹朱丽叶感情的聚焦点，是阿莉莎内心矛盾痛苦的根本原因之一。我们说他"形象单薄"，是相对于阿莉莎的丰满鲜活的形象来说的。读者能看到阿莉莎的挣扎、焦虑、悲伤、矛盾；读者同情她的悲剧命运却又往往对她的所思所想不敢苟同。阿莉莎才是全书的中心。这样的角色，其原型不是玛德莱娜·纪德一个人可以担负得起的。第一人称叙事、逼真的生活素材，都是纪德写作的一部分。读者将杰罗姆等同于纪德，将阿莉莎等同于玛德莱娜，都是过于简单的结论。多年以后，纪德用一句话断然否定了评论界的各种臆断和猜疑："我书里的阿莉莎根本就不是她（指玛德莱娜）。我描绘的不是她的肖像。"

纪德在《窄门》里对宗教的批评是隐晦的，其原因就在于他所要批评的东西曾经是他所信仰的东西。事实上，纪德从来没有彻底否定过新教，新教所倡导的克制、忍耐等，一直是他极力标榜的美德。在《窄门》中，他所想表现的，不过是这些美德被推向极端时所产生的危险。纪德历来把《圣经》作为自己智慧的源泉之一。《窄门》中引用了福音书的许多段落。然而，这些话经由阿莉莎之口，便具有了不同的意义。《圣经》是可以被误读的，基督的圣言在不同的人听来，就会有不同的意义。

在与杰罗姆讨论帕斯卡的著作时，阿莉莎引用了基督的一句话"凡要救自己生命的，必丧掉生命"，并从中为自己所作的牺牲找到了理由。这句话是纪德最喜爱的福音书格言之一。从他对待艺术和真实的态度中，我们可以印证对这句话的另一种理解方式：作家只有不沉浸于自己的真实生命，而对其采取一种客观的审视态度——即所谓"失去生命"，才能在另一个层次，即艺术的层次上再次实现这一生命。基督的这句话本来有两个部分："凡要救自己生命的，必丧掉生命；凡为我丧掉生命的，必得着生命。"阿莉莎只看到了第一句，纪德却侧重于第二句，从而从这看似悲壮的格言里，读出了乐观、光明的一面。

写作《窄门》的过程诚然是艰苦的，但是写《窄门》时的纪德却是乐观的。只有认清了这一点，我们才能从这样一部格调悲壮忧伤的作品中，读出纪德作为艺术家的独特匠心；也只有认清了这一点，我们才能从充斥全书的《圣经》引文中，读出纪德的批评态度。由于批评的主题是由阿莉莎这样一个美好的人物形象来表现的，读者一不小心就会落入纪德的陷阱，为杰罗姆和阿莉莎的不幸命运发出同情的叹息。而实际上纪德需要的不是读者的同情，不是读者与书中人物的共鸣，而是读者的思考。关于书中表现的宗教思想，纪德需要的并不是读者的认同，也不是读者简单的抨击，而是一种更高层次上的反思。这种反思是以对福音书的正确阅读为前提的：基督的话没有错，错的只是某些阅读方式和由此产生的生活态度。

《窄门》的出版引起了不同的反应。一方面，新教徒们从中读到了对新教思想的颂扬，认为阿莉莎是新教精神的崇高反映；另一方面，天主教徒们则从阿莉莎的命运中看出了新教思想对一个纯洁灵魂的戕害。保尔·克罗代尔多年以来极力劝说纪德皈依天主教未果，读了《窄门》之后，大喜过望，认为纪德能这样透彻地表现新教的丑恶，大概离回头是岸的日子不远了。

但是，比起零星的赞誉，对纪德的批评声简直就是波涛滚滚，他们不仅攻击了纪德，也攻击了《新法兰西评论》杂志社。第一个公开攻击纪德的人是瓦里奥，他在一本右派杂志《独立》上对纪德直接表示出了不满。于是科波站出来在《新法兰西评论》上为自己的朋友辩解，这场争斗最后转变成了《独立》杂志与《新法兰西评论》的争斗。

一波未平，一波又起。马上，1911年12月23日刊登在《舆论》上的一篇文章直接攻击了施伦贝尔的新书《不安的父爱》，这篇文章的名字叫做《藐视道德的人与他的弟子》，不仅批评了施伦贝尔，很明显的也把纪德牵连了进去。他把纪德看成是一个类似于邪教的人物，"他是社会和家庭的公敌……《藐视道德的人》的作者纪德也是《不安的父爱》的主谋，是个邪恶的人。如果是在过去，他也许会被惩罚服毒自尽。"

纪德面对这一系列的挑战和抨击，说道："我想要从事的事业，必须具有独创性，并且这种独创性既要隐秘又要神秘，使得它自己都看不见自己的庐山真面目。我希望人们所了解的我，是完美句子中的我，也正是这样，别人才模仿不了我。"

3. 《梵蒂冈的地窖》

纪德在1914年出版了《梵蒂冈地窖》，他在作品中探讨了生命本质的不定性、泯灭人性的红尘之中如何追寻生命价值与生活方式，以及社会规范与渴望自由的冲突等诸多新的社会问题，批判了当时西方社会的为传统禁忌和教条所蒙蔽而僵化的道德观。这部作品打破了19世纪传统的小说模式，风格明净清纯，心理刻画入微，以法国古典文学的完美形式表现了现代人的复杂思想感情，为传统的小说模式重铸了新典范。

《梵蒂冈地窖》是一部奇特的作品。从创作技巧上来看，这部作品可以被看做是小说《伪币制造者》的准备。纪德一改以往作品的单线叙事方式，在这部作品中采用了复调叙述、聚焦变化、打乱叙事顺序等新颖的叙事手法；从艺术特色上来看，作品中使用了诙谐、冷幽默等各种轻喜剧手法，是继《帕吕德》和《没有缚牢的普罗米修斯》之后，第三部被纪德冠以"傻剧"头衔的作品。这部作品标志着纪德在驾驭素材和语言方面的功力已经达到了炉火纯青的地步。读者后来在《伪币制造者》里发现的纪德对传统小说技巧的革新，在《梵蒂冈地窖》里已经具有了相当完备的雏形。

从思想内容上来看，《梵蒂冈地窖》的独特性，在于纪德以一种冷静的幽默，对天主教，尤其是对罗马教会进行了无情的抨击与嘲讽。《梵蒂冈地窖》的故事取材于1893年的一条花边新闻。当时谣言传说教皇利奥十三世被共济会劫持，囚禁在梵蒂冈的地窖里，而高居教皇宝座上的其实是个冒牌货。一些骗子利用这一谣言，借口筹款进行一场"为了解救教皇的圣战"，向富有而愚昧的资产者和贵族大肆行骗。这件旧事在纪德心中存留20年之久，最终推动他写出了《梵蒂冈地窖》。与以往的单线叙事不同，《梵蒂冈地窖》一书共有5条叙事主线，分别涉及到5个主要人物，并以梵蒂冈诈骗事件为中心。

第一条线索是昂蒂姆·阿尔芒·杜布瓦的故事。他原来是个死钻牛角尖的科学家，共济会会员，坚定的反教会者，即便在虔诚信奉正统天主教的妻子和女儿影响下也从未动摇，却在一次偶然的机会里，以为自己看到了圣母马利亚显灵，从此皈依并死心塌地地信奉天主教；第二条线索是因循守旧的作家尤利乌斯·德·巴拉刘乌尔，一心想进入法兰西文学院。在发现父亲有个私生子后，他的人生观和世界观受到了撼动。后来他也间接被卷进了梵蒂冈事件里；第三位主角是阿梅代·弗洛利斯瓦，他在得知"教皇有难"的消息后决心亲自到罗马进行一番考察。在旅行中他有许多意外的奇遇，最后在去那不勒斯的火车上被一个年轻人莫名其妙地推下了火车，死于非命；故事的第四位主角是普洛托斯，他是秘密组织"千足帮"的头目，也是这场诈骗闹剧的策划人和操纵者；第五位主角是所有其他线索的交汇点：拉夫卡蒂奥。他是普洛托斯的朋友，尤利乌斯的同父弟弟，也是把阿梅代推下火车的杀人凶手。

这5个人物各自引领一个故事，互相之间又紧密关联。故事的发展遵循一个复杂而精巧的结构。作者似乎刻意在与读者捉迷藏。阅读的乐趣是无限的，尤其是因为各种精致的细节层出不穷。一些看似无关痛痒的小事——比如昂蒂姆因为做试验用的老鼠被妻子偷偷喂食而大发雷霆，又比如阿梅代·弗洛利斯瓦去罗马的路上，在旅店里被蚊虫叮咬得浑身红肿——经过纪德传神的描写，成了阅读中绝妙的添加剂。

纪德选择这样一种讽喻、幽默的手法来写这个故事，明显是在挑战天主教的庄严和权威性。无论是昂蒂姆充满戏剧性的皈依，还是普洛托斯连连得手的诈骗，无不向读者折射出一个充满滑稽的游戏世界。纪德的高明之处在于，全书没有一处明显的渎神的漫骂。相反，他表面上似乎忠实地记录了一些神迹。比如昂蒂姆摔坏圣母像后，看见圣母在夜晚向他显灵，而他的风湿病居然也奇迹般地不治而愈。这样一来，昂蒂姆的皈依似乎是天经地义的。纪德似乎预料到人们会对所谓"圣母显灵"的说法产生怀疑，于是提前为昂蒂姆的皈依辩护："说圣母确实向他显过灵，可能过于轻率。可是，就算他只是在梦中见到了圣母，至少他的病好了，无可否认，有据可查，神奇极了。"然而，接下来纪德描写了教会的态度："不过，如果说对于昂蒂姆来说，把病治好就已足够，那么这对于教廷来说是不够的。"教廷要求昂蒂姆做一次公开的发誓弃绝，并为这一行动可能给他带来的经济损失作出承诺："至于物质需要的问题，您别担心，教廷会补偿您的……教廷会承认您为它所做的牺牲，不会让您受委屈的……您只管开口，大体说个数字……什么都不必担心。"昂蒂姆做了公开的发誓弃绝。他在共济会的资产殖之泡了汤。他不得不搬到一套"惨不忍睹的房间"里，过上了拮据的生活。而教会许诺的"补偿"到最后也没有兑现。如果说昂蒂姆的皈依使我们看到了教会的伪善，那么普洛托斯的诈骗则更是揭示了宗教组织的虚伪和欺骗性。这种欺骗性是反映在多个层面上的，其中最直接的当然是普洛托斯对信徒们的欺骗；但这种欺骗的基础是信徒们的盲目信仰；而造成这种盲目信仰的原因正是教会长期以来的欺骗和蒙蔽；最后，这种欺骗能大行其道的前提条件是整个社会对谣言的纵容和传播。

纪德把普洛托斯假扮的萨吕斯教士德·圣普里夫人诈取钱财的过程描写得绘声绘色，传神地表现出了伯爵夫人的六神无主、不知所措以及前来要钱的"议事司铎"的老奸巨猾。骗子先是试图唤起伯爵夫人的同情心，然后巧妙地表达了筹款的意向。在伯爵夫人稍显犹豫时立刻凶相毕露，步步进逼："什么！他的命运就掌握在您手里，您有这样的荣幸，还犹豫不决！我很担心，夫人，我担心到了您自己需要解脱的时候，我们的主也让您在天堂门口苦等，让您无能为力的灵魂备受煎熬！"

他变得恶狠狠的，可怕极了。然后，他突然将一串念珠上的十字架放在唇边，很快沉浸在祈祷中。"可是，总得给我时间写信到巴黎吧?"伯爵夫人不知所措地嗫嚅道。"发电报！让您的银行把六万法郎转到巴黎土地信贷银行的账上，巴黎土地信贷银行再发电报给波城的土地信贷银行，让它立即把款子付给您。这连小孩子都会。"至此，信徒的懦弱和盲从，骗子的高明以及他所扮演的教士的伪善和凶恶，跃然纸上。

同样，阿梅代·弗洛利斯瓦的神圣之旅，从一开始就变成了一场闹剧。他先是在沿途的小旅馆中被臭虫、跳蚤和蚊子折磨了好几个晚上(纪德用了五六页的篇幅，不厌其烦地描写弗洛利斯瓦被叮咬得浑身红肿的细节)，到了罗马之后，又立刻落入了重重陷阱，被普洛托斯及其手下人耍得团团转。普洛托斯以退为进，欲擒故纵，把可怜的弗洛利斯瓦戏弄得晕头转向，觉得除了这个神秘的"卡夫神父"(即"地窖"神父)之外，世上真是再没有可以相信的人。这才有了以下堪称荒诞派小说鼻祖的经典段落：

于是，弗洛利斯瓦有了一个怀疑；一个新的、模糊的、可怕的怀疑，在他深深的不安中逐渐变得清晰：尤利乌斯，尤利乌斯本人，这个正在与他谈话的尤利乌斯，这个被他寄予了厚望，正在听他倾诉自己痛苦的信念的尤利乌斯，这个尤利乌斯也不是真的尤利乌斯。

之后，弗洛利斯瓦说：我对所有人来说都是可疑的；一切对我来说都是可疑的。可是我向您承认，我的朋友，刚才，就在您嘲笑我的痛苦时，我曾经怀疑跟我说话的究竟是不是真的尤利乌斯。或许我不过是在和您的一个仿造品说话呢……我跟您说，今天早上，在遇到您之前，我居

然怀疑起了我自己的现实，怀疑这到底是不是我，是不是
在罗马。或许我不过是做梦来到了罗马，很快就会醒来，
发现自己身在波城，和往常一样静静地躺在阿尼卡身边。

这种现实和梦境无从分辨的情形是纪德用近乎荒诞的手法对充
斥整个社会的虚伪进行抨击的典型例证。在这个社会里，真诚的人
被愚弄，说谎者却能大行其道。在这场闹剧中，普洛托斯是真正的
主角。他千变万化，神出鬼没，打着"为解救教皇而发动圣战"的
旗号，把愚蠢的信徒玩弄于股掌之间。天主教的整个教阶体制，上
至教皇，下至信徒，全都威严扫地。教皇成为谣言的主角，被人用
作敛财的工具； 各级神职人员毫无庄严感可言，可以被人随意冒
充； 至于广大信徒，那更是一帮被人肆意戏弄的可怜虫。弗洛利斯
瓦死后，谣言不但没有平息，反而愈演愈烈。连最初持怀疑态度的
尤利乌斯这时也对教皇被替换一事深信不疑。拉夫卡蒂奥完全无动
机的谋杀，被认为是一场反教皇者精心策划的阴谋。拉夫卡蒂奥最
后想去警察局自首，尤利乌斯的女儿热纳维耶芙却对他说了这样一
番话："您应该向上帝而不是向凡人自首……拉夫卡蒂奥，教会将
免除对您的惩罚，帮助您通过悔恨来找回平静。"原来教会除了充
当骗人的幌子以外还可以有这样一层功用！《梵蒂冈地窖》的结尾
与拉夫卡蒂奥的结局一样是开放的、不确定的。拉夫卡蒂奥并没有
决定自己何去何从，但读者已经明白，在宗教的名义下，整个社会
就是一个谎言，一场没完没了的闹剧。骗子依然在行骗，受骗者继
续心甘情愿受骗，而杀人者如果愿意，也可以逍遥法外。

　　《梵蒂冈地窖》对天主教，尤其是教会以及教阶体制的嘲讽是在两个层面上进行的：首先，教皇和教会居然能成为谣言的主角，这本身就是一个极大的讽刺。天主教神圣不可侵犯的光环荡然无存；其次，普洛托斯为了骗人而捏造出的假相，实际上从一个侧面反映了真实生活中天主教世界的种种劣迹：教皇的"虚假"，教会的贪婪、伪善、腐化堕落。纪德甚至通过书中人物之口，对天主教信奉的上帝也提出了质疑："谁敢告诉我，弗洛利斯瓦到了天堂门口时，不会发现连他的仁慈的天主也不是真的？"纪德一方面讽刺天主教，但另一方面，他也讽刺了以弗洛利斯瓦、尤利乌斯以及皈依前的昂蒂姆等为代表的实证主义自由思想者。拉夫卡蒂奥正好位于两者之间。他是一个私生子，没有师承，没有来历，因此是最自由的。他的"无动机行为"，既是对社会秩序的挑战，又是对传统小说心理逻辑的挑战。

　　《梵蒂冈地窖》在写作方法上运用多种新颖技巧，在思想内容上挑战天主教社会的传统价值观，在当时是一部真正意义上的"前卫"作品。作品一问世，立刻掀起了轩然大波，招来天主教作家、批评家及读者的猛烈抨击。保尔·克罗代尔在作品正式出版之前，就已经对这本传说中的书表现出了明显的忧虑，生怕"这本书不是我所期望的"，并婉言谢绝纪德引用他的剧本《向玛丽报信》中的一句话作为《梵蒂冈地窖》第三部分的篇首语。"我知道我没有任何办法阻止您引用我的句子。可是我得承认，看到一部作品不用天主教徒的温情与尊重来对待我们崇敬的教皇陛下，而我的名字出现在这部作品前头，对我来说会是件痛苦的事。"

《梵蒂冈地窖》的出版标志着克罗代尔与纪德的彻底决裂。克罗代尔能够容忍纪德迟迟不愿改宗，但终于不能容忍纪德用嘲笑的口吻将自己诚心信奉的教皇、教廷甚至上帝批驳得一钱不值。另一方面，有一部分人却对《梵蒂冈地窖》赞赏有加。超现实主义作家们在其中发现了他们所倡导的颠覆传统的文学观。安德烈·布勒东说："纪德……在《梵蒂冈地窖》的拉夫卡蒂奥这个人物的塑造方面，是'现代'的。"不过，超现实主义者们只看到并推崇了纪德作品中使用讽刺和荒诞手法反对传统、颠覆秩序的一面——即布勒东后来说的"黑色幽默"，却不能接受他的另一种表达方式，即对古典和传统的回归和尊崇。面对超现实主义者们后来的倒戈相向，纪德抱怨道："我写了一本让他们(达达主义者们)高兴的书还不够，他们还要求我只去写，或者只写过这本书。他们没法想像，使人不愉快，而且偏偏使他们不愉快，对于我们来说也能是件乐事。我的每本书都使它前一本书的爱好者们失望。他们应该学会以正确的原因来赞美我，并且认清我的每本书归根结底不过是艺术作品。"(日记，1924年6月24日)纪德面对批评时固然失望，面对他认为不实的赞美，也同样失望。超现实主义者们一度从《梵蒂冈地窖》里看到了充满反叛与颠覆的现代性，却没有看到对于纪德来说，这种反叛和颠覆只不过是艺术表现形式中的一种，他真正追求的目标是在自相矛盾中求统一，在多变中求和谐。在《窄门》和《梵蒂冈地窖》之后，纪德对基督教问题的思考并没有停止。

4. 宗教信仰危机

　　盖翁和纪德因为在艺术上有共同的话题，在生活又有同样的嗜好，所以自然而然，两人的友情发展得一直很顺利。纪德评价过盖翁："直到现在，盖翁自夸不信仰宗教，他厚颜无耻。而我自愿地把厚颜无耻和直率坦陈混为一谈。但是，由于为其善行的崇高激情而结识了他，还由于见过他不仅在帕塞翁教堂或德尔福斯教堂前面哭泣，而且在不大的圣马克隐修院里为爱情而呜咽，——我愈来愈为看到他无视或自愿无视福音书而心绪不宁，甚至生气。我相信并试图劝他相信，他对过去通过教理所了解的福音书，他对那些他也许不相信的教条，抱有错误的看法。这时他才不情愿地，烦恼地答应，要对福音书重新认识一番。"

　　可是在1916年的一天，盖翁寄来一句简短的话："我仅告诉您：我下定决心了。"这句话表明，盖翁准备皈依天主教了。这件事情给了纪德很大的打击，简直是一种痛苦的折磨，随着盖翁的皈依天主教，纪德感觉自己更加的孤立了。

　　盖翁和纪德都在经历着自己觉得非常激情而幸福的恋爱，但同时又都对这种恋爱感到了疲惫不堪。而且前不久盖翁和纪德刚刚经历过一场三角恋，盖翁对这种生活感到绝望而厌倦。盖翁在一次通信中对纪德说：

> 你曾经说过，与其说天主教作家，不如说是天主教
> 治愈了写作，我每天都在更接近这条道路。它通向了这令
> 人悲哀的事件最为清楚的结局（它暗示着一种痛苦的情感
> 失落。周一以来，我陷入了从未有过的沮丧之中，很明
> 显，我过去是在阴暗的深渊生活，伴着所有的意料之外，
> 所有短暂的冒险的放荡。我是坦荡的信徒，只在确信和坚
> 定的氛围中能够成活。显然，能够给予我支持，使我从中
> 产生生活的愿望的，不是恋情，更不是我艺术上的丰硕成
> 果。我要说，打倒艺术！打倒生活！何处才是我的避难所
> 呢？）

1912年纪德与盖翁在意大利佛罗伦萨有过一次短暂的交集，
他们两人结伴而行，参观了很多教堂和画廊，在这些纷繁的艺术品
之中，很多艺术品的构思都是以宗教为题材，到处都散发着宗教
的气息。纪德没表现出太大的反应，只是觉得这些艺术品精美至
极。但是一旁的盖翁却被这些富有宗教气息的作品所深深吸引，这
些作品仿佛是一些向导，在指引着盖翁向宗教的方向前进着。接着
就是一战的爆发，战争是惨无人性的，无论战争的性质是正义还是
邪恶，它都会给人类带来毁灭性的灾难，很多无辜的老百姓都会流
血牺牲。盖翁每每看到这些因为战争给无辜受难者带来的流血和死
亡，内心都会痛苦不已。而身处战争中的人都会不自觉地想到一个
问题——我到底能活多久，这种厄运会不会哪一天也降临在我的身

上？这个时候的盖翁希望找到一个精神上的支柱来给予自己安慰，帮助自己来渡过这个难关。恰逢这个时候，纪德把一个名叫迪普埃的年轻人介绍给了盖翁认识，可是不久迪普埃在战争中牺牲了，盖翁还为此难过了许久，并为他作了祈祷。后来，迪普埃的妻子把他生前的日记拿给了盖翁，此时他才发现迪普埃是一个天主教徒，迪普埃早已把自己的感情融入到了宗教情感之中，此时的迪普埃虽然人已经不在，但是他确实做到了在精神上给予盖翁力量。此后不久，盖翁就走进了教堂。

盖翁和纪德是多年的好友，盖翁皈依天主教，给了纪德很大的打击，纪德曾经一度以为盖翁也和自己一样，在宗教的范畴里，都是魔鬼的信奉者，他们互相搀扶，共同渡过难关，分享彼此的喜悦。可是如今盖翁来了个180度的转向，转而皈依了上帝。这对纪德而言就如山崩地裂，纪德开始茫然了，他开始独自一人纠结与思考，他到底是依旧站在魔鬼的一边，还是也如盖翁一样皈依上帝呢？纪德久久地思考着这个问题，他内心的彷徨使得他在很长一段时间之内不知道自己何去何从。最终，纪德还是坚持了自己的道路，与魔鬼为伴，因为他从魔鬼那里获得的力量是在上帝那里无法获得的，而且纪德始终是个尊崇自己内心的人，他最终将这条魔鬼的道路走到了最后。

5. 婚姻的破碎

　　马尔克是牧师埃里·阿莱格雷的第四个儿子。纪德经常以一个大哥哥的身份带着他们去散步，去逛动物园，当牧师家里出现一些经济困难的时候，纪德也会伸出自己的援手，助他们家度过困难。同时，纪德又很喜欢那些从小很少受到各种教育条条框框束缚的年轻人，他觉得他们是本真的，是纯洁而童真的，他很乐于向这样的孩子传达自己的思想观念，也就是充当某种程度的教育者。

　　马尔克不仅年轻，而且外貌英俊，这些都成为了吸引纪德的因素，纪德在马尔克身上找到了年轻的激情与活力。他觉得马尔克简直就是上天送给自己的礼物。不久之后，两人开始交往了，这种单纯的快乐与激情让纪德备感欣慰。此后，纪德曾在巴黎遇见老朋友盖翁，盖翁将自己的日记交给了纪德，此时的纪德已经从徘徊的深渊走出来了，他知道自己和盖翁还是朋友，但绝对不会像以前那样亲密了，因为两人已经走上了不同的道路。

　　在和马尔克相处期间，快乐时刻萦绕着纪德。6月，纪德准备和马尔克一起去伦敦。在即将要走的时候，玛德莱娜问了纪德一句："你不是一个人去，对吧？"纪德只记得自己似乎结结巴巴地回答道："嗯。"于是，玛德莱娜的颜色霎时间失去了颜色，她的脸上立马显现出一种恐惧的脸色，那种深深的恐惧是纪德永生难忘的。

也许那一个"嗯"字就表明了玛德莱娜对于纪德猜测的肯定，对于一个深爱自己丈夫的女人来说，这简直就像世界末日一样，玛德莱娜感到自己深信的世界就快要崩塌了，这种崩塌，是再怎么作祈祷也是无力挽救的。如果纪德与马尔克单独去伦敦这件事只是个开始，那么下面发生的事情对玛德莱娜来说更为恐怖。

有一天，一封信寄到了纪德家，恰逢纪德不在，玛德莱娜就把信给拆了，这封信的具体内容我们不得而知，但是看过这封信之后，玛德莱娜久久难以释怀，自己的丈夫与其他人一起出游，却把自己单独留下，难免令人妒忌。这个晴天霹雳从天而降，玛德莱娜于是找出了牧师家寄给纪德的所有信件，仔仔细细地重新翻看了它们。接着，她拿出纪德从小写给自己的信，这信原本在玛德莱娜看来是两个人爱情的见证，但在此情此景之下，这些信都成了讽刺和莫大的谎言。玛德莱娜毫不犹豫地用一把火把这些信件全部给焚烧了。她声称，"这是过去我在世界上最宝贵的东西。"

于是，玛德莱娜在居维维尔等待着纪德回来，等待着与纪德做一个最终的了断。纪德终于回来了，他说道："我感到痛苦，犹如她杀死了我们的孩子。"在那8天之中，纪德不停地哭泣，却未能完全阻止自己的悲痛。"玛德莱娜毁掉了我所有的信件。她刚刚承认这使我难以接受的事情。她对我说，她是在我赴英国后立即烧毁信件的。天啊！我清楚地知道了，我和马尔克一同出发后，她是何等的痛苦，但她应否对过去报复？我内心最美好的部分消失了，它再也不能抵消最丑恶的部分了。在30年间，除了短暂的分离，我曾经（现在依然是）日复一日地，将我心中最美好的东西奉献给她。我感到，自己骤然间被毁灭了。我的心脏停止了跳动。我被轻易地杀死了。"

自此之后，纪德彻底地自由了，在这条通向魔鬼的道路上，再也没有人阻拦他了，可是这份自由，到底对于纪德来说是福是祸？

6. 《新法兰西评论》复刊

因为一战的原因，《新法兰西评论》杂志社已经停刊5年了，纪德在战争结束的时候仍然不想放弃办杂志社的念头，1919年7月初，纪德聚集了当初《新法兰西评论》的创始人在巴黎开了一个讨论会，他们希望《新法兰西评论》复刊，并就一些相关的事宜进行了探讨。以前的执行主编科波主动要求辞职，因为他本人对自己的戏剧更感兴趣，忙于编排戏剧，事物繁忙无暇顾及杂志，决定还是离开比较合适。本来纪德就是杂志社的核心人物，作为杂志幕后的领导人是最有希望坐上杂志主编这一职位的，但是克罗戴尔极其反对，并对杂志社提出威胁，表示如果《新法兰西评论》让纪德做了主编的话，他将不会再向杂志社投稿；同时伽利马也打着自己的小算盘，他打算创办一个以里维埃为主编、政治为内容的新杂志。

于是，想让纪德担任主编这一决策被否定了。杂志社最终决定，雅克·里维埃做主编比较合适，而在内容方面，由于经历过战争的洗礼，杂志社决定文学将不再占据主导地位，政治问题和新闻时事将成为主要内容。就这样，雅克·里维埃担任主编成为了杂志复刊的标志，杂志迈入了一个新的篇章。

1922年8月14日，纪德在蓬蒂尼参加了一个"十日谈"会议。蓬蒂尼十日谈会议，是按照纪德的意思组织的。会上，纪德周围坐满了支持者。与会者不仅有与纪德平时关系好的朋友，在国外方面，有瑞士、意大利、荷兰，德国和英国的代表。还有巴黎高等师范学校的3位毕业生。所有的人都准备聆听纪德上一堂欧洲课，并欣赏其抑扬顿挫的声调。按照小夫人的说法，纪德会使那些期待大师讲话的人大失所望的。

纪德从来都不是个关心政治的人，但他作为一个作家，面对着战争，自然会不自觉地选用文学作品来反击战争，来表明自己，开化大众。纪德说："说实话，我对政治问题不感兴趣，我觉得他们不如社会问题重要，而社会问题不如伦理道德问题重要。我认为，大部分政治问题应该归结为伦理道德问题。我们为之悲伤的一切，主要应该怪罪于政府机构，其次才是人——但尤其重要的是要改造这些人。"

《新法兰西评论》在大家的共同努力下显示出了良好的发展势头，这使得40岁的纪德得到了些许安慰，他的精神也开始逐渐有了好转，开始雄心勃勃地想要创立一个出版社，以更好地推行自己的事业。纪德很是激动，很快就为自己未来的出版社拟订了宗旨：专门出版法国文学史中的伟大作品，并以精美的形式予以重印。1911年5月31日，《新法兰西评论》出版社作为一个独立的出版公司成立了，由纪德、让·施楞贝格尔和加斯东·伽利马各出资20万法郎做为启动资金。这就是未来的伽利马出版社的前身，《新法兰西评论》为法国文学推出了很多精美佳作，其中不仅有纪德本人的作品，还有普鲁斯特，里尔克等一系列伟大作家的作品，为法国文学注入了新的活力。

7. 《田园交响曲》

《田园交响乐》是安德烈·纪德的一个中篇。通篇是主人公牧师的日记。有资料表明，这部小说纪德构思，酝酿了25年之久。故事讲的是一位牧师收养了一位盲女，对其精心照料，费尽苦心教她学会讲话，借助田园交响乐等音乐让其认知这个世界。不久，盲女爱上了牧师，牧师由欺骗自己转而承认了两人的爱情，并在盲女去做复明手术前与其有了亲密的行为。盲女复明后，才发现自己爱的不是作为父亲的牧师，而是牧师的儿子，更又因不堪发现尘世的罪，在自杀不遂之后，忧伤而死。

在遭遇盲女之时，牧师认为这是上帝交付于他的使命，责无旁贷地产生了这样一种想法：要教会盲女热爱、崇拜上帝，把她带出失明的黑暗。神职——事实上就是充当上帝和普通的人之间的中介者，他传达的是来自"上帝的爱"的福音。牧师（牧羊人）以亡羊喻（参《新约·马太福音》）告诫自己：一个人若有一百只羊，一只走迷了路，怎么办？他应该撇下这九十九只，往山里去找那只迷路的羊吗？若是找着了，我告诉你们：他为这一只羊欢喜，比为那没有迷路的九十九只欢喜还大呢！这是耶稣鼓励他的追随者们去拯救迷途羔羊的比喻。在牧师看来，这是他的本职工作，为了上帝的荣耀。"包容在这个麻木身躯里的一颗灵魂，如禁锢在大墙内，无疑在等待着。主啊！您的圣宠之光去照亮！您允许我用爱德为她驱散沉沉黑夜吗？"牧师认为这个盲女几乎可等同于没有灵魂，她的灵魂处于那无尽的黑暗中，无法得到拯救。这里引出了拯救的主题。牧师一开始"并没有想到由我自己来照顾这个可怜的孤女"，他认为这是上帝对他的考验。在这里，牧师更多的是试图以一种善行来证明自己的宗教热诚。

作为一个新教牧师，他常常从《新约全书》的福音（gospel，也作信仰、真理）中引经据典，从马太福音中的"亡羊喻"到《约翰福音》中的可治百病的贝塞斯达水池，不一而足。他便以《福音书》来指导盲女修习宗教。但是因为盲女的出现，牧师看待《福音书》和基督教爱的观念时却发生了变化。"为了指导吉特吕德的宗教教育，我用一种新目光又读了一遍《福音书》。我愈来愈看清，组成我们基督徒信仰的许多观念不是出自基督的原话，而是出自圣保罗的注解。"牧师的宗教观也因盲女的存在而改变，他自己改造了《福音书》以适应自己。

盲女和牧师两者的身份，一个是年长者兼教育者，一个是年幼者兼被教育者，因爱欲的强烈激情而成为志同道合之人。为追求绝对美和绝对善的理念，方向一致而同行。盲女所代表的是一种美，这种美中或许并没有引起肉欲的成份，但是，作为追求美的牧师，一开始未必有，最终又未必无这种肉欲的成份。最初，牧师把她当做是上帝的一种试验品，直到启蒙她时认为她是天使。牧师的态度可堪玩味，他在日记中写道："我心潮澎湃，感恩的心情那么强烈，我在她的美丽的前额印上一吻，像是我奉献给上帝的。"牧师活在自我欺骗和对《圣经》的曲解中。事实上，"对盲女充满情感欲望，但这种欲望被他自己以牧师与养父的身份和社会地位掩饰了。"

牧师试图在日记中说服自己的所作所为是为了上帝，是出于一种挚爱，但盲女把它看成是出于一种爱欲。反讽的是，她虽然盲了，却比牧师更洞察一切。"'因而有时候，'她悲切地又说，'我从您这里得到的幸福都像是由于无知而来的。'"他们一起谈论"美"、"灵魂"、"爱"，在这些话题面前，牧师比盲女更像是一个盲人，应了基督的话："你们若瞎了眼，就没有罪了。"（《约翰福音》）但是盲女接受了手术，成功地复明。她看见了，视觉里的世界破坏了感知里的世界。美的变成了罪的。她看到了牧师和妻子（因为作为第三者的她的介入）的痛苦，看到了她真正爱的人（牧师的儿子）的放弃，这些都成了她背负的罪。

她选择了自杀，从一个依从爱欲的柏拉图式信徒，变成了一个殉罪牺牲的基督。临死前一天，她念念不忘圣保罗的话："我以前没有律法是活着的，但是诫命来到，罪又活了，我就死了。"

我们可以梳理出盲女吉特吕德的整个生命轨迹：

目盲→无知→相爱→幸福→生命→复明→知→分离→痛苦→死亡

我们可以从中看出吉特吕德由"无知"到"知"，由纯粹的美的感知向道德伦理的认知，以至到产生坚定的宗教信仰的生命历程。这并非自然状态的"无知"的过错，倒是伦理层次的"知"将她引上了不归路。

纵观整部《交响曲》，吉特吕德的成长历程就是《创世纪》中人被宠，受诱，违禁，堕落，被逐的艺术再现，呈现出"失乐园"的原型，隐现了纪德内心的宗教冲突。

当牧师逐渐爱上已开启心智，情思敏锐的盲女后，为了让自己心安理得地独享这份不伦之恋，圣言成了他的攻击利器。一方面，利用"爱"的模糊性欺骗自己和盲女，另一方面用圣言攻击情敌——大儿子雅克。如同蛇对上帝的攻击，打着对上帝的虔诚的招牌，牧师则指责圣保罗曲解了上帝之子基督的圣训，"我愈来愈看清，组成我们基督信仰的许多盲女投河的举动，象征着她对回归混沌无知，无善无恶，无愁无苦的伊甸园的渴望。然而，回归的大门已经紧闭，上帝派人持剑把守在通往失去的乐园的路口。人是永远无法回归的，只能徒然地不懈追寻。"纪德也在不懈地寻求身心的和谐，渴望摆脱内心宗教冲突的痛苦。这种追寻因不可得更显凄美而温暖，因为乐园虽已失去，却生成永恒的梦想。

8. 《如果种子不死》

　　人的记忆力各有长短。安德列·纪德在他的回忆录中说，他对地点的记忆准确，但却经常搞错时间。1926年前后，当50岁的纪德在居韦维尔开始回顾自己的青春成长之路，他其实是在向一块神奇的土地礼拜致谢。那是他获得天启而新生的西奈山。纪德的《如果种子不死》包括上、下两个部分，南方的于泽斯的父亲的血统，以及诺曼底的拉洛克的母亲的天主教家族传承，回忆录从父系母系两个方面将年幼孱弱的纪德密密匝匝地包裹起来。父亲温和然而早逝，将纪德交到强势专断的母亲手里。这位母亲，"通过不断监视你表示对你的关心"，以慈爱的名义播种下憎恨的种子。所以，就像这一部分沉重迟滞的文字，纪德童年时代的心灵被黑暗重重包围，虽然并不缺少小金丝雀"宛如一团阳光穿过阴影"翩然飘落的瞬间，但它总的基调是"阴暗、丑恶、忧郁"。1893年10月，当纪德从马赛渡海，乘船驶往阿尔及利亚，他意识到他生命中最重要的一个时刻已经降临。船行地中海上，天气闷热，海面波平如镜，巨大而灼热的闪电在遥远的非洲方向闪烁。"非洲！我一遍又一遍念着这个神秘的名词……狂热地将目光投向炎热的黑暗，投向那令人透不过气来、被闪电重重包围的希望。"在北非干燥白色的背景下，在沙漠傍晚辉煌迷人的夕照中，当微笑的阿里将滚烫的身躯放倒在沙丘之上，纪德找到了他的灵魂救赎之道。他不再战战兢兢，不再自问自答，不再惶恐，不再克制，而是在"光芒四射"的快乐中尽情释放着自己的天性。

多年之后，纪德将不断地重复自己对北非小镇比斯克拉的怀念，重复自己对那个辽阔平坦的地方，对那里穿白斗篷的人们的怀念。事实上，白色的北非已经成了他灵魂的逃避所和精神的加油站。他甚至在这里获得了直接对抗母亲的力量。而在这之前，母亲对他的行为、想法、开销，乃至对他选择一块什么布，选择读什么书，写一本书用什么题目，都具有说一不二的全盘掌控能力。1894年，新生后的纪德回到法国，带回一个复原者的秘密。然而，他发现自己与旧大陆已经格格不入。人们在沙龙和社团里一如既往地躁动忙碌，"搅起一股死亡的气息"。他的新生没有人在意，他的秘密也没有人要分享。他再次堕入极度的不安之中，流连于米兰和尚佩尔，徜徉于瑞士的湖畔森林，同时一门心思想要逃离。1895年1月，纪德再次返回非洲，这一次，他将在那里遇到另一个自由而放纵的天才：奥斯卡·王尔德。在这之后，他还将四次渡海，走进非洲，走进这"充满欢笑和奇异事物的神奇世界"。萨特在《纪德活着》一文中说："思想也有其地理：如同一个法国人不管前往何处，他在国外每走一步，不是接近就是远离法国，任何精神运作也使我们不是接近就是远离纪德。"《如果种子不死》是接近纪德不可不读的书，而要理解纪德思想的地理形成，不得不对他的北非之行给予最大程度的关注。

9. 私生女的出生

伊丽莎白·冯·卢塞尔伯格和纪德是认识多年的好友，她的诗人男友在1915年的战争中逝去，自此以后她就成了寡妇。但是，一直以来她都想要一个孩子，她的母亲后来在和纪德谈论这件事情的时候曾向纪德表示，如果伊丽莎白有了一个孩子，她愿意抚养。而纪德本人也觉得自己与玛德莱娜没有孩子，为了自己的血脉延续下去，还是有个孩子比较好。

1916年11月纪德和伊丽莎白·冯·卢塞尔伯格参加完一位比利时诗人的葬礼后，在返回巴黎的火车上，纪德给伊丽莎白写了一张纸条，他告诉她："我从来只爱一个女子（妻子玛德莱娜），这辈子这个现实都不会改变。但是，我无法听任自己看着你没有孩子。"这相当于纪德同意与伊丽莎白生一个孩子，就这样，伊丽莎白即将成为纪德的孩子的母亲。

1922年8月22日早晨，伊丽莎白·冯·卢塞尔伯格向纪德和一些亲友透露了一个好消息："她想有一个孩子的愿望终于如愿以偿了。她相信这是一个奇迹，因为她怀上的孩子是纪德的，不容怀疑。"纪德很高兴。1923年4月18日，纪德和伊丽莎白·冯·卢塞尔伯格的女儿卡特琳娜降生了，这对于纪德来说是一件很开心的事情。纪德有些始料不及，他一心憧憬着自己创造出的新人类会是一个男孩，甚至都为孩子取好了一个男孩子的名字。

纪德决定秘密抚养这个孩子。5月间，纪德和马克到昂纳西湖边去看望他的女儿，按照事先的计划，伊丽莎白先一个人回到巴斯蒂德，此前她一直在那里工作。几个月后卡特琳娜再以养女的身份出现，这样谨慎的安排在当时似乎并没有引起什么不必要的猜测。纪德是孩子的教父，卢普·迈里斯克是孩子的教母。伊丽莎白的父亲虽然思想开明，但是对于她在婚姻之外养育一个孩子的想法是持反对态度的。他得知真相后虽然恼怒不已，但是为了顾忌公众影响还是默默接受了这个现实。

虽然这个孩子是秘密抚养的，但纪德也尽着一个父亲的责任与义务，在此后，纪德的大量稿费和版税，都交给了伊丽莎白，再由伊丽莎白给孩子添置东西，可见，纪德是一个对孩子负责任的父亲，也在此后始终伴随着女儿卡特琳娜的成长。

10. 《科里同》

　　纪德是一个坦诚的人，小说中总是浮现纪德本人生活的影子，而这次，纪德更准备好好地剖析自己的灵魂，他准备写一部著作理论——《科里同》。自从有了这种想法，他就想要知道周围朋友对他这部作品的看法，但是他所听到的几乎都是反对的声音，不赞戒的意见占了绝对的上风，其中又以马塞尔·德鲁安的反对态度最为激烈。后来，由于在道德观和价值观上的分歧越来越大，纪德与马塞尔·德鲁安之间的关系也逐渐恶化。尽管他们在表面上还能保持正常的交往，但马塞尔·德鲁安一家每年夏天到居韦维尔的例行消夏，这对于纪德而言简直成了异常头疼的事。在他们来访的那些日子里，纪德尽量以写作为名待在自己的房间里不与他们碰面，有时干脆把居韦维尔让给他们，自己躲到别处，等他们离开居韦维尔再回去。

　　纪德和德鲁安之间的真正的问题在于，他们都无法改变各自的观点，同时又总是以针锋相对的形式碰在一起，虽然纪德表面上不再提起《科里同》，但是他想要出版这本书的念头从未打消过，他也一直在私下里筹划着这本书的出版事宜：此时，纪德已经与一家印刷厂的厂主联系好相关事宜，将自己已经写好的那部分内容秘密付印了，由于对已经写好的这些内容不是十分满意，纪德将印好的东西小心地收藏起来，他准备重新再写。1911年3月初，心绪不宁的纪德去了伦敦，接待他的是瓦莱里·拉尔博，纪德随后把他介绍给了批评家戈塞。离开伦敦前，纪德和拉尔博等人一同拜会了英国作家约瑟夫·康拉德，在此之前，纪德曾在克洛代尔的介绍下接触过康拉德的作品，他也很想认识康拉德本人：20年的水手经历使康拉德浑身散发着强悍的男子气概，而这正是纪德自己深感缺失的，他被康拉德的冒险家气质深深吸引，同时对康拉德的作品产生了更加浓厚的兴趣。纪德认为康拉德的《吉姆爷》是他所知道的最好的作品，也是最忧郁、最令人兴奋的作品。

1924年6月初，《科里同》出版了，这本书出版后在市场上的反响很好，很快就供不应求了，它是纪德所有的书中初版本售出数量最多的。纪德将《科里同》出版后可能引起的反应事先透露给了玛德莱娜，玛德莱娜告诉他，无论发生什么，她都会和他在一起。

"我的朋友们反复告诫我，这部书可能使我铸成大错。我不认为它能夺走我所珍爱的任何东西：掌声、勋章、荣誉、进入时髦的沙龙，我从未追求过这些东西。我只希望，对几位罕见的人物表示敬重。……我从未追求过取悦广大读者；但我极为重视几个人的观点；这是感情问题，什么也不能与之抗衡。人们有时视作畏缩的东西，往往只是担心使这几个人伤心；而对于我来说，不论在任何时候，这都会使我最亲爱的人伤心。有谁能说出，同情和柔情应对多少停顿，多少迟疑，多少迂回曲折负责呢？……《科里同》可能引起的愤怒，将不会阻止我相信，我这里说的事应被说出来。并非我认为，人们所想的一切都应该说出来——无论何时说都可以——但的确是此事，而且今天就应当说出来。"

纪德将这部作品视作重要的作品，他为这本书的出版而长期犹豫不决就是证明：纪德下了大的赌注，至少他是这么认为的。他想起了，1910年，王尔德风化案，将王尔德送进了监狱，给纪德打下了深深地烙印。这也许是纪德反抗他那个时代社会伦理的根源之一：一种虚伪而极端残酷的伦理系统，是多么可憎可恶，以致它需要彻头彻尾地受到审视。

纪德在《科里同》中采用了一种纯文学的对话形式阐述了自己的关于人类情感方面的理论。纪德在对话中设立了两个不同的立场，一方代表着正统的立场，另一方站在相对立的立场上。双方就相关话题展开了辩论。纪德在作品中试图说明，无论从自然界的情况还是从社会历史情况来看，人类情感都是多元化的，每个人都应当有自己独立的情感价值观，无论贫穷与富贵，无论来自哪个国家与地域，无论语言是否相同，无论身份地位，学识有多么三大的差距，只要人们一旦相爱，所有的问题都将不是问题，它们将会被两颗相爱的心一一破解，人世间所有的爱恋都应当是平等的，在爱情这个属于二人绝对私有的小世界中，除了爱，其他都是次要的，同时纪德也是一位热衷于教导后代的导师，他喜欢把自己的思想与晚辈们分享，希望在自己对他们的思想启蒙下，获得一颗对生活热忱且坚强的心。诚然，对于纪德自己来说，发表这部作品的是需要勇气的，然而无论纪德在《科里同》中如何为自己的行为寻找根据，这也只是他继自己非传统观念之后祭出的又一面旗帜，其目的还是为自己的"非道德主义"行为寻求合理的依据。

《科里同》应当与"假面"相反，以裸露的面目前行。纪德的思想赤裸裸地暴露出来，既无艺术掩盖，也没有美的愉悦："我的某些朋友认为，我在书中过多地关注自然历史问题——虽然我没有过分强调他们的重要性，但这些内容令广大的读者扫兴和厌倦。当然！这的确是我所希望的：我写作不是为了取悦于人，而且我一开始就声明，那些在此寻求愉悦艺术精神或别的什么言简意赅的人们，将会感到失望。"

出版后，纪德准备殉教，他的书跌入冷漠之中，《科里同》是一种责任，一种论文，小夫人回忆道："我的印象是，在那些未被冒犯的人当中，《科里同》几乎让所有人感到了失望。一些人觉得，它有愧于作者的才华，其他人觉得，它的结论太粗暴，或者太冒险，甚至他的每位朋友，竟然没有发现任何有重要思想污染的东西！我也相信，和他有同样习惯的人，也觉得他的情形太个别，太特殊了，不认为《科里同》相当普遍地捍卫着他们的事业。"

11. 普鲁斯特

马塞尔·普鲁斯特，法国作家。1871年7月10日出生于巴黎，父亲是医学教授，母亲出身于富有的犹太经纪人家庭。他从小就过着一种养尊处优的生活，并接受了良好的教育。普鲁斯特在童年患上了哮喘，体质一直不好。随着年龄的增大，他的病情愈来愈严重。以至于小小的异响，奇怪的气味，甚至一束强光都会令他发病。他不得不远离其他孩子，时时受到特别的呵护。

普鲁斯特的第一部作品《欢乐与时光》于1896出版，没有获得成功。但这并没有影响他投身文学的意愿。他开始酝酿另一部小说，其中融合了他童年的回忆和巴黎的生活场景。1903至1905年间他的父母相继去世，在经受了巨大的痛苦后，他才想到必须把他的文学创作计划付诸行动。1912年他完成了一部800页的作品，命名为《追忆似水年华》。但所有的出版商都拒绝出版这本新书，他不得不自掏腰包，才让这部作品与读者见面。这其间他的作品源源不断问世，他别具一格的创作手法终于得到文学界认可。1919年，《在少女们身旁》获得龚古尔文学奖。1922年，普鲁斯特与世长辞。1927年，《重现的时光》正式出版。至此，7卷16部的《追忆似水年华》全部出齐。

　　普鲁斯特与纪德相识于1913年，他们的相识还有一个不算愉快的小插曲，普鲁斯特把《追忆似水年华》的第一部《在斯万家那边》拿给出版商加斯东·伽利玛，要求出版。当时的伽利玛出版社是大作家纪德在主持大局，纪德没有对普鲁斯特有太深刻的印象，因为普鲁斯特的稿子全是手稿，字体写的不是很清楚，而且总是修修补补，有很多难以理解的字符，而且那本书本来就很厚，纪德的审稿就不是很认真。而且有些编辑觉得普鲁斯特的某些描写让人震惊，尤其读到整页整页描写在那些贵族家庭中吃饭的文字时，其他编辑则认为普鲁斯特与他们不是一个圈子的人，怕作品的风格与出版社不符合，于是让加斯东把本子退回了普鲁斯特。但普鲁斯特则深信他的这部作品的价值，他最终决定采取自费的方式出版，他联系了另一个出版商贝纳尔·格拉塞。格拉塞甚至没有读过这部厚厚的手稿就与其签了合同，因为是自费出版，经济风险是由普鲁斯特承担而不是格拉塞出版社。不久之后，马塞尔·普鲁斯特出版了《在斯万家那边》，结果大受好评，这时候杂志社才发现做了一个多么错误的决策。纪德对此事很是懊悔，纪德向普鲁斯特写信承认错误："拒绝这本书将是我们所犯的最大错误，这是我一生中最大的后悔和内疚。"后来加斯东出面去了普鲁斯特的家里，他建议普鲁斯特既然和格拉塞签了合同，他们可以出版一些别的东西。普鲁斯特表示对其他东西不感兴趣，他回答说："我只对一件事情感兴趣，那就是我的著作《追忆似水年华》。""那好啊，我将很高兴立即出版它！"加斯东说。"但我要出的是全部，你出版第一部分，我才会把后面的部分给你。"加斯东很为难："可它已经在格拉塞出版社那里了。"普鲁斯特胸有成竹："那不属于他，而是属于作者。你把它赎回来。我将写信给格拉塞，让他把它给你。"这部文学史上的伟大作品的版权就这样轻松解决了，以后的事情很简单，因为毕竟是普鲁斯特自费出版，格拉塞也没有办法，只好听之任之，随它去了。

到了1919年，伽利玛出版社出版了《追忆似水年华》的第二卷《在少女们身旁》，这本书在商业和评论上也算获得了成功：但是是有所保留的成功。显然这些还不够，普鲁斯特心里知道，他的作品在当时就应该得到承认。于是在出版社的推荐下，他参加了法国文学大奖龚古尔奖的评选，并最终胜出。这样的一部名著终于有机会引起了大众的注意力，进入了寻常百姓家，几天之内存货就销售一空。

作为普鲁斯特的出版商加斯东·伽利玛自然喜上眉梢，他努力补上货源，并第一次在新印刷的封皮用了腰封，上面赫然写着"龚古尔奖"。

从此之后，纪德和普鲁斯特成为了朋友，并且通过信件的方式相互联系着，并将这种友谊持续了一辈子，后来在普鲁斯特去世的时候，《新法兰西评论》还为他出了一期专栏。

第五章　刚果之行与苏联之行

1. 创作《伪币制造者》

"如果没有勇气远离海岸线，长时间在海上孤寂地漂流，那么你绝不可能发现新大陆。"

1926年，纪德发表了《伪币制造者》，这是安德烈·纪德唯一的长篇小说。小说的主人公斐奈尔无意中发现母亲的一封旧情书，知道自己是私生子，便离家出走，寄住在密友奥里维家。在去车站接奥里维的舅舅、作家爱德华时，又无意中知道爱德华来巴黎是为了过去的恋人萝拉。萝拉开设了一个学校，几个学生倒卖和使用伪币，给爱德华灵感，创作了小说《伪币制造者》。在瑞士，斐余尔向萝拉求爱，遭到拒绝。回到巴黎后，斐奈尔离开了爱德华，走向堕落，企图自杀，被爱德华救出。他后来成为了萝拉妹妹的情人。经历挫折与痛苦后，他最终回到他名义上的法官父亲身边。

小说以作家爱德华的日记的形式叙述了交叉重叠的两个故事，一个是爱德华周围一群中学生和大学生的故事，一个是爱德华正在写作的小说《伪币制造者》中的人物的故事。通过爱德华对这些人行为的描述、思考和评判，对"我"在生活中所持的态度的无限可能性进行了探讨。但作者也借爱德华与青年奥里维的关系；为不羁的恋情做了辩护，誉之为"美德"。作品以写《伪币制造者》的作家爱德华为中心，在较为广阔的社会生活背景下，"反映了20世纪初德国社会几种不同类型的知识分子的生活经历，以及他们的不安和苦闷的精神世界。"伪币制造者在小说中有双重喻义，一是指制造假银币的人，另一是指徒有虚名的作家。

此外，《伪币制造者》还有不少插曲，如弗台尔·阿扎伊斯家族的兴衰，阿曼·弗台尔的故事，等等。首先，"伪币制造者"把指责范围扩展到以专横、偏执、刻板、虚伪为特征的新教家庭。这种家庭把阻挠个人自由发展的观念强加于每个成员，使他们不得不常常变得虚伪，正如幼苗的生长受到压制后会造成扭曲一样。弗台尔·阿扎伊斯补习学校的创办人阿扎伊斯及其女婿弗台尔牧师就是新教家庭的化身。

他们因为一贯装成有信仰、有德行，久而久之便自以为真的有信仰、有德行，"为了避免现实的对照，维持自己的信念，他们在生活中塞满事务，使自己无暇反躬自问"，他们终生的目的和职责是向周围的人灌输信仰和德行。于是，人人在他们面前都被迫演出虚伪的一出出喜剧。萝拉跟人私通怀孕，却让别人认为这是上帝给她和丈夫的恩赐；乔治参与贩卖伪币，却让人们相信他参加了一个光荣的组织；阿曼为了替妹妹拉皮条，教唆她堕落。仿佛有一张巨网包裹着学校、家庭，宗教信仰和伦理道德，实际上已经"贬值"，变成一钱不值的"伪币"。

纪德敏锐的眼光分辨出社会到处存在人间喜剧，在家庭、社会、宗教和文学界都是这样。比如，法官莫利尼埃表面上是一个完美的丈夫，其实多年来他同奥林匹亚的一个舞女保持关系。最令人厌恶的是，他把自己"垮台的责任"归之于自己妻子的过分正直。他感叹说："当我们年轻的时候，我们都期望有贞洁的妻子，而不知道她们的德行要我们付出多大的代价。"奥利维埃在贝尔纳通过学士学位那天，对他说出一句意味深长的话："人身上最深沉的东西就是皮肤。"这句话是奥利维埃从帕萨旺那里听来的，用意在于抨击人们以虚伪的外表掩盖肮脏的内心。小说还指责虔诚使人丧失"感觉、趣味、需要、对现实的爱"。牧师弗台尔的儿子这样揶揄地介绍他的父亲："他相信上帝，这更加方便了。每遇到困难，他便让拉歇尔自己解决。他所要求的是，不要看清楚。"这句话点出了牧师的虚伪本质。

根据纪德的日记，他写作《伪币制造者》的第一个意图就是要阐明，为什么在青年眼里，前辈显得如此僵化、逆来顺受，好像他们在自己的青春年华从未被愿望和热情困扰过？而为什么新一代人在批评了老一代人的态度和行为之后，仍会重蹈他们的覆辙？为此，纪德塑造了以贝尔纳为代表的一批青年知识分子。贝尔纳是一个"私生子"、一个"浪子"，他本能地反对家庭和社会，以自然和真诚的本性去反对普遍的虚伪。作为"伪币"的解毒剂，他表达了作家的精神理想："我愿意在整个一生，一有碰撞便发出纯粹的、诚实的、真实的响声。几乎我所认识的人都发出虚假的声音。本来怎样，就如实地值多少，不要千方百计显得超过原来所值。"小说中的青年主要特点是憎恶虚伪，要求绝对真实，具有反抗精神，崇尚个人主义。这些青年常常用词语跟现实作比较，看它们是否已经"贬值"，看它们所携带的"价值"在生活中是否还在流通。然而，在资产阶级社会这样"一个人人欺蒙的世界里"，他们无论在何处，甚至在自己身上也找不到问语所表达的纯真感情、崇高德行、健全理性。因为这些社会价值已经名存实亡，变作"伪币"了。他们永远达不到真实，他们的反抗无济于事，无不以失败告终。贝尔纳、萝拉和乔治只能返回各自家中，文桑神经错乱了，格里菲斯夫人命归黄泉，阿曼堕落，爱德华没有写成小说……于是"伪币"最后成了现代西方社会价值观念的同义语，"伪币制造者"成了每个利用这些价值观念的自欺欺人者。

纪德通过这个主题，抨击了理性在一个自诩为思维健全的社会里是如何解体崩溃的。《伪币制造者》也因此成为对西方社会价值观念的反思。当然，他的目的也仅仅在于把个人从社会强加于人的荒诞模式中解放出来，既不可能对这个社会的根基发出抗议，也不可能看到出路。

2. 黑暗的中心

纪德早就计划去刚果旅行，但一直推迟到写完《伪币制造者》

之后才实现。

他于1925年7月14日从法国动身到刚果去。在1893—1894年，他曾经几度到过北非阿尔及利亚等地，但是那不过是纵情于狂放的感官享乐罢了，对于真正的非洲毫无所知。这一次带着殖民部交给他的半官方的考察使命，纪德来到了刚果，纪德在头脑中对这次长途旅行的期待就是那些植物、动物和各种非洲的民俗风情。初到刚果，纪德被这里原生态的风貌给迷住了。他在《刚果之行》中写道，"在这个奇异的国度，人们没有热得汗流浃背。在追逐不知名的昆虫时，我又感到了少年时代的某种快乐。我仍然不会，因为让一个漂亮的草绿色天牛逃掉而自慰——那天牛嵌有金银丝图案和斑纹，身上覆盖着更深或更苍白的蠕虫形的鞘翅；也不会因为放跑一只个头硕大、宽宽脑袋上有一双钳子的吉丁虫，而得到慰藉。"纪德就在将近一年的时间里面一边旅行，一边为自己的作品收集着素材。他从加蓬出发，穿越刚果，来到喀麦隆、乌班基、沙里和乍得，基本上穿过了整个法属赤道非洲，收集了各种各样的写作素材。

《刚果之行》中作者以日记形式精细地记录下沿途热带非洲的自然风貌和民风民俗。只要踏着作者的足迹前行，便能领略这一地区光怪陆离的湖光水色、形态奇特的珍禽异兽和种种不知其名的花草树木。作者不时被那五光十色、美丽无比的非洲蝴蝶所吸引，被那广袤神秘、异域风光的原始森林所陶醉，被那怪异疯狂、赤身露体的土著人的舞蹈所震惊。

这次纪德奔赴非洲考察，也看到了法属殖民地的很多问题，很多殖民地压榨黑人的残酷现实。于是他在好奇心的驱使下进行调查，渐渐地他发现这些他所看到的事情，绝对不是什么偶然发生的事情。法国人把殖民地的百姓看做牲畜一样的态度，黑人在物质和精神上的贫困，这些现实每天都在这里上演。

纪德曾经记录过一个场面："离我们的宿营地不远的地方，在看守的监视之下，有一大群9—13岁的男孩女孩，被圈禁在夜半的寒冷中，围坐在微弱的野火堆旁边。马尔克想询问这些孩子。他叫来了阿杜姆，但阿杜姆不懂巴雅语。一个土著人自荐当翻译，他翻译成桑戈语，阿杜姆再翻译成法语。那些孩子们，大概是从他们的村庄里被押解到这里来的，他们的脖子上套着绳子。十天以来，人们强迫他们干活，却不付给他们薪水，也不给他们饭吃。他们的村庄不算太远，他们希望他们的父母能给带来一些可以吃的东西。但是始终没有一个人来，情况糟糕透了。"

纪德原本是抱着一颗投身大自然的娱乐心态来到非洲的，结果在一次又一次不断地与土著人的交往中，纪德感到了严重的社会问题，并且这种社会问题的严重性是远远超出纪德的想象的。于是，纪德决定做些什么，尽自己的力量去帮助那些在法属殖民地上生活在水深火热中的贫民百姓。

他开始不断地实地考察，不断地搜集着、核实着资料，这些资料包括了苦役、强迫居民搬迁、烧毁村庄、严刑拷问，以及用兵器的屠杀。在1925年11月6日，纪德把自己收集的证据递交给了法国外交部委派的临时总督，详尽地叙述了在非洲土地上所发生的这不公的一切。可是在长时间的等待之后，法国外交部没有任何反应，纪德只能自己想办法处理这件事情，于是他希望用民间的舆论的力量来引起政府的关注。

纪德只好回到法国，一回到法国，他就把他的那份详尽的资料交给了领导社会党日报《民众》的朋友莱昂·博鲁姆。他没有选择的余地只好登上了左派的报纸，因为右派和中间派的报纸，都是殖民地大公司在背后作为经济支撑的，所以他们自然不会帮着纪德说话，在此种情况之下，纪德也顾不了派别之差，索性选择了那个会帮助自己的派别了。

这篇文章一经发表，森林局的局长韦伯就开始写信给博鲁姆，这封信是这样写的，"知识分子，一旦进入社会领域，就爱写一些谴责信之类的东西。第一个想法：我相信安德烈·纪德先生的真诚。第二个想法：一个作家就其本性而言，是一个易受感动的、有想象力的、充满热情的'浪漫主义者'，再说，一旦涉及物质事物和复杂的机构，他就可能'轻率，并且偏听偏信'。所以，人们不会相信他所说的话。第三个想法：一位作家，拥有一些可能激发舆论的可怕的武器，他的'辩证法'，他的遣词造句，就是把'假设的推理、武断的结论和激情多于逻辑的论据，熔为一炉的写作技巧'。这种既不用委任状，也不用负责任的权力，就是滥用权力。必须把它从公共生活中清除干净。"韦伯的批评很有力量，可是韦伯本人却没有真正去过非洲，没有做过真正的实地考察，而在西方的价值理念中，一向是以亲眼所见为标准，是讲究证据做事的。

随着围绕殖民地统治的问题，讨论不断地升级，在政府内部，讨论的中心议题是：把非洲当做私人领地管理的各大特许经营机构的制度是否应取缔。殖民地部长在议会宣布："这种自其建立到现在的制度，应该结束了。而且，到1929年为止，各大特许经营机构，一律停止活动。我向议会保证，他们当中的任何一家机构，均不得续签或者延期。"就这样，在几次的斗争中，最终纪德获得了胜利，因为这次胜利，非洲有12万奴隶被释放。

事后，纪德在回答《论战报》经理纳莱士的时候自己是这么说的："我过去的做法是，不给极端派别提供任何武器。如果你把已经上任的行政官员、殖民地总督和殖民地首领联盟的事业交给他们来管的话，正是你，将要玩他们的把戏。请你饶恕你自己吧，把所有正直的人们团结起来是值得的。"纪德在这次种族事件中的所作所为，充分表明了纪德本人那种博爱的，人人平等的观念。他广博的爱以及始终坚持如一的公正的价值观，使他最终超越种族，超越了阶级，超越了文学领域，超越了政治领域，把一切引导到他一直坚持的"人道"上来。

3. 成名之后

纪德经过漫长的非洲之旅回到巴黎之后，他发现这时的自己已经在文坛有了自己的地位。人们开始不断地给他写信求助，开始再版他的很多以前的作品，开始为他的作品制作插图，开始把他的作品翻译成其他的语言进而卖到国外。这一时间纪德还难以适应这种生活上的改变，"因为，事实上，我的确不再知道我是谁了；或者，假如人们喜欢：我从来就不是，但是我变成了这样的人物。"各种会议增多了，读者的来信也在不断增加之中。他虽然反感，却并不回避，因为他知道这是自己无力反抗的，还是承认现实最恰当。对待一件事情，与其悲观地考虑它给自己带来的坏处，还不如以积极的心态来面对这件事。

于是，纪德也开始了各种人际交往。纪德开始变得像权威一样的人物，追捧他的人也开始多起来了，他的朋友们都为他感到一丝担心，认为他周围一些人的过分殷勤，总有一天会害了纪德。

"我不认为我经历过无比的欢乐，或者扣人心弦的欢乐。空气从来不曾更加甜美。我从来不曾如此狂热的呼吸过。我的智慧洞察入微，敏锐活跃，没有一丝不安的情绪掩护它。它从最朴素、最可爱的思想里流露出来，犹如我的肌肉展现在碧蓝中，展现在阳光里，犹如我的心呈现在所有的生命中。我没有感到自己比20岁时更年轻。然而，我更加懂得了时间的价值。我曾经受到欲望和强烈需要的折磨。"这时候的纪德已经成功了，他不需要再为什么而战了，他的人生已经赢了大半了。

如果说那些名声都是比较虚的东西的话，1928年卡皮托尔出版社出版了一套大型著作《安德烈·纪德丛书》则应该算是公认的纪德的巅峰，在此之后，纪德还参加了作序言的活动，序言是一篇常规的文章，在法国，往往由大作家作序言，通过说明该书与经典的密不可分的关系，保护年轻的青年作家，鼓励他们的创作。在当时，纪德曾被人请求给一些作家作序言，这些作家包括了尼采、里尔克、康拉德、司汤达、波德莱尔、普希金，纪德很高兴地同意了。1928年，有一个出版社要编写一部《法国文学史》，一章由一位作家负责，而这部书的第二卷是由纪德负责撰写的，因为他总是希望"以其文笔砥砺另一种文笔，以其思想砥砺另一种思想"。

此时，他又开始了到各地游历。在耶尔岛，他造访了瓦耶一家；在罗克布吕纳，他和布西一家聚会；在德国，他为保持欣赏家的激情而奔赴柏林；然后，他和朋友一道去了罗舍尔港口城市；又和阿里贝尔去了卡尔卡索和纳尔波纳。又在11月份回到了居韦维尔，在那里享受安静的生活，但纪德始终保持着一颗好奇心，一颗随时准备出发的心，听从来自任何地方的召唤，心到哪里，就走到哪里。

那个时候，法庭也给纪德留下了深刻的印象。在5月份有一次开庭，纪德作为制定法官，参与了卢旺市重罪法庭的一次审判。他后来以此为素材，写成了一本小册子《重罪法庭回忆录》。在书中，纪德表现出了对法庭无法解释动机的犯罪的浓厚兴趣。他采用了在不加入评论思想的同时，真实地再现事实资料的丰富与杂乱的写作手法。他忽略对事件的理解，优先展现赤裸的原本事件中的谜团，供人们自己评断，"坐在陪审员席上，我们该对自己重复那句耶稣的话：'别作评判'。"而这句耶稣箴言也成为了纪德在1930年出版的一本合集的标题，其中作家收集了一些关于心理问题的杂闻故事，这些心理问题通过法律是无法解决的。

4. 共产主义的"同路人"

那个年代的法国社会处于经济、政治和伦理道德的极度混乱之中。金融危机之后，法郎急速贬值，失业率增加，各种政治党派斗争混乱，而在殖民地，还不断地爆发出各种独立风暴，使法国的政局陷入了一个两难的境地。

1925 年，纪德在非洲大陆旅行，一路上美丽的自然风光、奇异的民俗风情、善良淳朴的土著居民，都给了纪德极深的印象。但是，一路上他也发现了一系列丑恶的社会现象：法国殖民地官员对土著的暴力、不公平的审判，法属大公司对当地人的压榨与剥削。

纪德的《刚果之行》，即这次出行的游记，对刚果的社会现实进行了真实记载，在纪德回到巴黎后不久就连载发表，并于1927年正式结集出版。作品迅速引起反响，作者纪德受到总理的接见，并几度被邀出席法殖民地问题的会议，但同时他也遭到了以那些大公司为主的右翼阵营的攻击。纪德无所畏惧，针锋相对，紧跟着发表了《乍得归来》，继续揭露法国在殖民地的不当统治。

他还采用签名赠书的方式把书送给许多政治家，希望能更好地说明事情真相。

这两本书的出版，加之纪德在行动中所表现出来的鲜明态度，引起了法国左翼阵营的注意。他们认为纪德在政治倾向上是在向他们靠拢。当时的法国，已被20年代末30年代初的世界经济危机卷入漩涡，政局动荡，右翼势力猖獗，知识分子多悲观失望，但左翼力量在知识界不断壮大起来，关于社会主义苏联的正面报道越来越多。这样的文化氛围下，纪德也开始关注苏联，对苏联产生了浓厚的兴趣。

同时，在纪德身体不适的这段时间里，他认识了两个年轻人，他们给纪德带来了新的血液。一个叫做格勒埃迪森，他是一位德国哲学史家，生活放荡不羁，但是才华横溢，"他不但知识渊博，而且能够运用历史背景和种种途径，介绍任何独特的完整的合乎逻辑结构的见解。他的概述令人晕眩，超越明确的辩论"。格勒埃迪森刚刚在伽利马出版社的《思想丛书》中，发表了《法国资产阶级思想的起源》一书。他是一位闪耀着光芒的，远离教条主义的马克思主义者。他对年轻的马尔罗——他在瓦诺很熟悉的人——影响是巨大的。在他的身边，纪德感到自己对历史的厌恶被融化了。他所讲述的这种历史，与第三共和国实证主义的教授所讲的历史，截然不同。

第二位叫做赫巴特，私人生活很是放荡，酗酒，吸毒，穿着奇装异服，来往于诗人与流氓之间。纪德认识了这个正处于同性恋边缘的年轻人，纪德一向喜欢新奇的人和事物，赫巴特在纪德身边待了大概有20年。

格勒埃迪森和赫巴特，都没有试图将纪德转变为共产党员。反之，他们的榜样使纪德坚信，共产主义能够代表一种新的精神境界，能够体现人类精神生活的新方向。于是，苏维埃经验的宗教意义吸引了他："我非常愿意生活下去，看到俄国五年计划获得成功。过去，我从来没有如此强烈的好奇心，对未来发生浓厚的兴趣。我衷心地为这个伟大的、完全人道的事业鼓掌。那些故意怀疑俄国成就的人，肯定是坚决主张蔑视一切怀疑宗教的人，一旦这种怀疑触及他们的宗教信念的话。他们不敢承认，那种与他们的神秘主义在秩序上完全不同的教义。"

纪德全心全意地，不是和现实的俄国在一起，而是和俄国所宣称的目标，和它所下的惊人的赌注，和它所给予希望的世界新青年在一起。他还没有对当代问题采取行动：他激动，他急躁，他充满好奇心。但是，他的头脑之清醒无懈可击："不，绝对不要看到那里的乐观主义，或者首先应当赋予这个词以心理学上的新意义。这毋宁说是热爱运动，也许存在于我身上的神秘主义，宗教思想，爱的感恩和人们共同称之为'相信上帝'的东西，都藏到热爱命运之中了。"

　　对于纪德的小团体而言，这简直如同一次地震，他们为纪德的选择表示了各种不满和不解。可是纪德已经准备好开始学习马克思主义了，他手持铅笔，开始阅读卡尔·马克思的《资本论》。他同意入党，但却遭到了各种利用：一个洛桑话剧社团，上演经过改编的《梵蒂冈地窖》。但是喜剧演员们使他的作品简单化了，使之具有了很强的战斗性，矛头直指教会。年轻的造反者，想把《梵蒂冈地窖》改编成为一篇抨击文章，一出反对资产阶级的闹剧，而红色作家则想保持其思想的细腻与精妙，两者的隔阂非常之大。同样的不幸，也在电影方面发生了，苏联人通过阿拉贡，建议纪德在他们的电影制片厂里，把《梵蒂冈地窖》加以改编，搬上荧幕。但电影剧本必须在穆斯可完成。

5. 共产党员纪德

　　希特勒1月30日夺取了德国政权。2月27、28日晚上，制造了国会纵火案，逮捕了上千共产党员，社会党人和犹太人，宪法规定的种种自由被取消了。纪德在远东厅的讲台上，以传统的称呼——

夫人们，先生们，并加上亲爱的同志们——开始了他的讲话。他说："我们知道，以战争反对战争的唯一方法，就是每个人，每个民族，在他们自己的国家里，向帝国主义开战。因为，凡是帝国主义，就必然会产生战争。"

他给苏联青年寄去了一封激动人心的信件——"多亏了你们，我过去声明的东西已改变了模样"——，他号召纪念十月革命，他在互助宫和罗兰、巴比塞、朗之万、茹尔丹一起主持了世界青年反对战争、反对法西斯大会。

可是后来纪德慢慢发现，也许这些共产主义并不是自己想象的那样，他渐渐地开始怀疑这一切："使我害怕的是，这种共产主义宗教，也是按照一种公认的教条、条文和放弃批评来行事的，这太过分了。我之所以仍然和他们在一起，这是因为，我的心灵、我的理智本身建议我这么做，不论提及的文章是马克思的，还是列宁的，只有当我的心灵和理智赞同的时候，我才能服从它。倘若我避开了亚里士多德或者保罗的权威，我决不再受共产主义宗教的驱使。"

纪德说过："因为你们，共产主义者，不承认基督是神，你们应该把它当做人来审判。而从此以后，你们应当看到并且承认，基督，被那些成为你们最凶恶敌人的人，被你们反对的政权所控告、判决，那是罪有应得的。从而，基督成了你们的人。"

1934年1月4日，纪德和马尔罗离开巴黎奔赴德国，他们想会见年老的宣传部长戈培尔，以便释放仍被关在监狱里面的保加利亚共产党人季米特洛夫。马尔罗和纪德，在确信他被严密看管之前，似乎曾打算把他救出监狱。可是最终失败了，他们并没有见到戈培尔。

10月23日，他在互助宫召开的欧洲地区作家协会上，面对4500人发表了开幕词，特别清晰地阐发了他的关于文学与革命之关系的思想。人们从中可以看到，在只改变声音的情况下，人与艺术的景象。

最初的设想：人在变化着。他现在不是昔日一直存在的那个老样子。他是变化中的他，他是自我发现的存在中的他，他抛弃了强加的或同意的那些约定、面具与扭曲。第二个设想：这种对人的不断地发现和再发现，每一个作家都应当进行一番尝试。这样一来，在所有的接受正常人形象的眼里，从局部来看，就必然是革命的了。既然有资产阶级的约定俗成，也可以有共产党人的约定俗成："我认为，一旦作家被迫服从某种口号，任何文学都将处于极大的危险之中。"于是，有了第三种设想："文学不需要为革命服务。它跟不上革命，它没有服从革命，它没有反映革命。它照亮了革命的道路。"最后一个设想，仿佛是唯灵论的最大荣誉："我的希望，我现在就告诉你们：苏联的胜利，将导致某种快乐文学的来临。"快乐，这是精神解放的最高阶段。只要人类处在精神与物质桎梏之下的可悲景象依然存在，快乐就与作家无缘。共产主义于纪德，只有精神事业的表现形式，只是唯一的重要文学形式。文学，就是他唯一的政治。

但是，纪德并不知道应该创造出什么样的文学，他苦苦思索。"其实，真正使我感兴趣的东西，就是我的意见有人倾听，我能得到那些与我不同思想的人们的信任。当人们是红色的时候，便只能在红色上写作，我对此不感兴趣。"

1935年1月底，组织了一次"安德烈·纪德与我们的时代"讨论会。这次讨论会受到了来自截然不同的两方面的冲击。这在纪德的意料之中。他把曾经最敌视他作品的知识分子请过来，各方可谓立场坚定，针锋相对。

对于此次聚会，他感到满意的另一个理由是：在一些教理专家面前，他以唯一的真正的艺术家的身份出现了，他是唯一将生活真理置于理性真理和革命真理之前的人。当时，苏联当局力求使纪德满意。几个星期以来，他们已经通过中间人巴赫特，开始和纪德谈判。他们的想法是展开一次漂亮的宣传活动：邀请纪德访问苏维埃政府，并做长期逗留。

6. 访问苏联

纪德和科佩夫妇去达喀尔和法属西非洲旅行，旅行一结束，纪德立马回到法国，与女儿卡特琳娜待在一起。但在这时候，苏联方面还是没有放弃继续邀请纪德去苏联访问的决心，依旧希望他能够促成此行。

最终由于人民阵线的胜利，纪德才下定决心去苏联访问。从6月17日一直到8月24日，历时两个多月，纪德走访了苏维埃共和国联盟。纪德和其他作家在苏联受到了热烈的欢迎，他们一行参观矿山、观看电影、乘船漫游、访问大学、赴宴会、看博物馆、参观少年先锋营。从列宁格勒到克里米亚，从莫斯科到高加索，纪德一路上做着笔记，不断思索着。

纪德还与苏联的领导人斯大林、莫洛托夫等参加了马克西姆·高尔基的葬礼。可是在苏联的所见所闻，让纪德感到失望了，苏联原本在他心目中的闪闪发光的形象转瞬间就褪去了光彩——苏联确实是一个专政的国家，是一个人的专政，并不是号称的那样是苏联人民的专政。

回到巴黎之后，纪德对自己一段时间之内坚持的真理感到了失望，信念正在崩塌。纠结了很久之后，纪德决定把自己的所见所想写出来，以真诚对抗虚伪。他把自己写的书的前言，发表在了文化周报《星期五》上。

那时候还爆发了西班牙内战，纪德试图联合一些共产党人、社会党人和天主教徒，为西班牙共和国创建一个共同阵线。背叛者是斯大林，而不是纪德。

在这样一次揭露之后，其他的人们，已经封闭，或将要封闭于内疚、仇恨和受骗的感觉之中。他们将不会像用猛药治疗精神病那样，改正那些他们将终身受到拖累的错误。因为相信过社会主义的天堂，他们将把社会主义变为地狱。纪德则相反，他向后转：除了幻想和谎言之外，他没有受到任何损失。换句话说，毫不值得惋惜。革命仍然是必要的，他尚未成功。1936年底，纪德和那些被革命驱逐的革命者正在形成合流，1937年，正统共产党人的攻击，把纪德推向他自己的营垒，在他发表了《从苏联归来的修订》的时候，合流的速度日益加快。纪德多次找勃鲁姆，要求法国政府，为托洛茨基从挪威赴墨西哥进行斡旋。此事即将办成。但从此以后，他所关心的，不是自己贴一个政治标签了。他曾经是共产党员人，他将不会成为托洛茨基分子。

1938年4月17日，玛德莱娜在居韦维尔去世了。玛德莱娜的一生，对于女人来说都不太容易，在青春年少的时候，被纪德的才情所折服，就在一切都看似顺理成章的情况下两个年轻人结婚了。两人间把这种柏拉图式的爱情维持了整段婚姻。玛德莱娜的去世，是在继苏联信仰的倒塌之后，对纪德又一个巨大的打击。

7. 《从苏联归来》

《从苏联归来》如实地记载了纪德在苏联的见闻、感受与思索。那么，纪德的《从苏联归来》到底是怎样的呢？总体上说，让纪德大失所望。的确如此，尽管纪德在苏联受到了热烈的欢迎和极大的优待，尽管他极感动于人们的友爱与信任、感动于苏联青年的热情洋溢与生气勃勃，尽管他惊喜于那种新气象和那种欢快的气氛，纪德在苏联感受更多的还是失望、困惑、痛心。

1936年8月他回到巴黎，11月《从苏联归来》出版。纪德在书中委婉而审慎地表达了想象中理想的苏联与实际情况的差距给他带来的失望。全书以一个希腊神话开始，而后依次是前言、正文六章、附录五篇。希腊神话讲的是小王子被女神置于炽热的炭火上来锻炼，但终因王后闯入，移走炭火，毁弃了修炼中的超人品性，结果为救孩子而丧失了一个神。显然，这里纪德意欲把他的《从苏联归来》喻为置于苏联下面的那盆"炽热的炭火"，渴望苏联经受炭火灼烧，在这种考验中强壮起来。前言中，纪德一再表达他写作此书的目的是为了苏联，他说到："真话，讲出来再怎么令人痛心、刺伤也只能是为了治病。"正文六章各有侧重地反映了当时苏联在经济、政治、文化等领域所存在的问题：经济生活方面，工厂生产效率低下，工人劳动情绪低落，产品质量低劣，人民生活物质贫乏，日用品供应奇缺，商店还没有开门时，已经有二三百人在排队等待。政治生活方面，统治者排除异己，拒绝批评，所有事务，"不管什么问题，只能有一种观点"；工资不均、部分人享有特权等，造成了新的两极分化；全国有严重的对斯大林的个人崇拜，发个电报，都必须在"斯大林"的名字前面加上隆重的敬语；文化生活方面，此亦纪德在苏联最关注的方面，莫斯科的建筑"粗俗得压抑，削弱人的精神"；人们对于旧有的传统文化不分青红皂白地全盘否定，是将孩子和洗澡水一起倒掉；人的个性遭到严重泯灭，不只在日常生活中，衣食住行完全非个人化，更痛心的是在思想方面也都非个人化了，每天上午《真理报》都教导他们应该了解什么，想什么，相信什么，绝不能出格；文艺创作者不再有自己的思想、语言和风格，整个文化完全朝着同一方向，完全没有批评精神，要有批评的话，那就是讨论某个作品、某个行动或某个理论是否符合路线，而不是路线本身是否合理，一部作品无论如何美，若不是在路线之内，就要受排斥。《附录》包括"反宗教斗争"、"奥斯特洛夫斯基"、"集体农庄"、"博洛霍沃"、"弃儿"五篇较短的叙事文章，分别记述了相关的人或事情。

这一次，整个欧洲掀起了反对纪德的狂潮，在法国，纪德收到过年轻人的辱骂信，在瑞士出版的一份报纸称纪德为盖世太保的代理人，同时试图保护纪德的共产党都被开除党籍了。一些纪德在苏联时交好的艺术家和作家也不得不在此时公开谴责纪德，一些由共产党领导的进步组织还撤消了纪德的"名誉主席"的头衔。斯大林主义者被号召起来反对纪德，给纪德加上一系列污名，纪德一下子从"苏联之友"变成了"反苏分子"、"披着羊皮的狼"、"法西斯的奸细"。面对指责、攻击甚至谩骂，纪德继而又推出《访苏联归来之补充》，列举了大量的详细数据和资料来对前一本书中所述作了补充说明，并附录了不少选自于去过苏联或从苏联出来的，与纪德有着共鸣的人士寄来的书信的内容，纪德的语气已不再那么委婉了。该书引起了更为强烈的反应。

人们竭力将他推向右派，人们梦想着他把讲话刊登在《费加罗报》上。纪德坚定不移。他感到深切的厌恶，他想从这种苦闷的现实中逃离出去，从这种被虚假掩盖的现实中逃离出去，但又没有办法，而且自己也不想退出这场战斗，在各种辱骂声中，纪德仍然坚持着自己的立场，用自己的力量保护着西班牙共和国。

8. 《从苏联归来》在中国

首先值得一提的是，早在《从苏联归来》激起风波之前，中国最早从事纪德研究的学者，人称"纪德的知音"的张若名博士，在1935 年四五月合刊的《法兰西信使》上发表了《关于安德烈·纪德》一文，说到当时纪德开始信仰共产主义的问题。张说纪德基本上是个艺术至上主义者，信仰的确定只是暂时的，不确定才是常态。这是不经意的预言吗？事实的发展不能不令人感慨。从中可以看出，中国对纪德的研究本就有着较高的起点。

《从苏联归来》出版后不到四个月，就有了第一个中文译本《从苏联归来》，上海亚东图书馆出版，译者署名林伊文，其实是郑超麟先生。郑先生其时正是国民党关押的政治犯，与著名的作家楼适夷等一起奉命翻译外国军法。这书是他根据朋友们设法搞来的法文原版抽空偷偷译出的。书出之后，重印了好几次。可想而知，此书产生了多大的影响。

虽然当时中国的进步知识分子没有如苏联那样在纪德亲苏时欢呼，在纪德离苏时就詈骂，但总的来说，他们对此事的分析和评论还是比较偏左的。楼适夷的《记郑超麟》中回忆道："有一次，他(郑超麟)翻译法国纪德的《从苏联归来》，有人说，这本书是反苏的，别看它。" 但楼还是看了，还因此受到了难友的批评。

1937 年3 月，《光明》第2 卷第7 期发表了杨哲文的《纪德的〈从苏联归来〉所引起的反响》，杨对此事作了时事报导式的记述。文中介绍了英国的一个政治、社会杂志社的主编米德尔登·马里对纪德的反驳，并直接引用了罗曼·罗兰对纪德的谴责，作者持明显的左倾立场。杨在文章的最后写道："纪德是一个讲良心的人，一个Moraliste。因之对罗曼·罗兰诸人的责言，将作如何答复，是否愿对自己的书作一个修正，是值得今后关注的。" 果然，三个月后，纪德的《<访苏归来>之补充》出版，只是内容却远不是杨所期望的了。郑超麟旋即又将此译出，名为《为我的<从苏联归来>答客难》，仍旧是由上海亚东图书馆出版，也是一版再版。除郑超麟之外，后又有引玉书社1937 年5 月的版本，译者却未署名，人们后来知道是戴望舒。戴当时是左翼作家，似乎不乐意把自己的清名留在这"反动"、"另类"的书上。戴还在译本题记中写道："我们所以出版这本书不是想毁谤苏联，那是一种无益的事。读了这本书，任那些利用纪德的人怎样宣传，只要读者是纯洁健康的，他会了解苏联的实在情况。"

对于这风波，中国另一个早期的研究纪德的著名学者盛澄华先生的看法比较客观，今天读来仍让人信服。他在1948年出版的《纪德研究》中分析道："纪德是从理性与理想两条大路跑向苏联，也是循理性与理想两条大路跑出苏联的；纪德真正关怀的，并非苏联和共产主义本身，而是整个人类的命运。"这里需注意的是，尽管《从苏联归来》颇受进步知识分子的排斥，但纪德在中国的传播丝毫没有停止，直到40年代，卞之琳等人仍旧在孜孜不倦地译着纪德的作品，纪德的《田园交响乐》依旧回荡在许多中国读者的心田。

第六章　艰难岁月

1. 身心疲惫的纪德

"我毫无怨言地走向孤独与死亡。我已尝尽大地的财富。想到在我身后，人们会感到更幸福、更完善、更自由，而且是因为我，我就充满了温馨感。为了未来人类的幸福，我已完成我的作品，我生活过了。"

从7岁接触钢琴以来，纪德的生活中就一直缺少不了它，60多年来，不管纪德走到了哪里，钢琴都陪伴着他，哪怕是山沟里。音乐，对纪德来说，不仅仅是一种放松身心的方式，还可以帮助他更好地构思作品。

纪德曾经一度痴迷于弹琴，一弹就是好几个小时，可是现在纪德感到肌肉不再完全服从指挥，手指也失去了往日的灵活性，经常容易感到疲劳，他的身体已经渐渐地失去了过去弹奏的那些美好的感觉，随着身体机能的下降，纪德决定离开自己喜爱多年的钢琴，离开自己喜欢的音乐，只有这样，才能换回一些其他的东西，比如陪女儿的时间等。

在政治信仰方面，纪德完全失望了，他说道，"受到嘲弄的英雄主义，背弃的信仰和无可辩驳的骗局，奄奄一息的西班牙景象，都使我心中充满厌恶、愤怒、心酸与失望。半个字都不要谈到西班牙，这比约略提到它要好一些，但是，误解我的人和沉默的人，应当受到羞辱。"对于战争，纪德进了自己最大的努力，但是最后发现这不是自己尽力就可以起到作用的事情，政治太复杂了。他只有为事实默哀的权力。

对于游历，纪德也感到了乏力，"那种把自己投入冒险的好奇心，我不再有了；那种攀山越岭，以看到隐藏于另一边事物的欲望与需要，也不再有了。我见过太多事物阴森的一面。"

1940年6月14日，德国入侵巴黎，他们建立了两个组织来控制文学创作。一个隶属于德意志帝国宣传部，另一个隶属于德国驻巴黎大使馆，此举的目的只是为了驱逐文学中的异己。纪德在这次行动当中也受到了打击，纪德的几本书被列为了禁书，《时代报》指责纪德，培养了傲慢的、犯罪的一代，巴黎占领军宣传部决定要把《新法兰西杂志》变成法国文学精英和新政权共处的一个象征。

而如果《新法兰西杂志》不复刊的话，纪德的《纪德日记》很可能就要被列为禁书。纪德知道这次杂志的复刊就是一个圈套，但是《新法兰西杂志》毕竟留下了他的很多回忆，所以纪德还是准备在这本复刊号上面登载他的日记："假如杂志使我感到不快，就小心谨慎地加上没有任何后果的'待续'二字。"而后来，纪德还是对这份杂志失望了，"我不再有为他们而写作的精神准备，我不再有惨遭失败的精神准备，我觉得，我的爱国热情在减弱，使这种感情恢复活力，靠压迫是没有用的。在法国，我感到这种感情在苏醒。它在抵抗中得到保障，得到证实，犹如所有遭受挫折的爱情。"

于是最终，纪德与《新法兰西杂志》决裂了，纪德退出了编辑部，如果纪德的作品只有在德国当局批准的前提下才能发表，就剥夺了纪德说话的权利，也意味着纪德在一切价值观方面，都与德国政府同流合污了。

巴黎的精英此时还未放弃使纪德回到他们一边的想法，但是纪德此时身在库瓦—娃儿梅的棕榈树下，在自己安静和平的小家庭里，过着平静而幸福的生活——在公园里、海滩上留下了自己陪女儿学习的身影，他们骑车散步，他们造访朋友，法国那边处于战争的铁蹄之下，而纪德此刻的生活却如仙境一般，忙着写自己的稿件，而伽利马也会定期向纪德支付稿酬，在此期间，他还准备出版他的戏剧集，也为七星出版社准备了一篇关于歌德戏剧集的序言。这段时间，纪德觉得自己的身体状况和心情都好极了。

在巴黎，追捕纪德甚至成了一种运动。1942年5月5日，纪德突然出行去威尼斯了，法国溃败两年以来，他不回避任何问题；当他将要发表他的日记，并且勇敢的使他的缺点暴露无疑时，他将把他的自我对话推向极致。

最初的几个月相对平静，纪德阅读希特勒的作品，翻译莎士比亚的作品，虽然手头资料短缺，但还是在编写《法国文学精选》。但是好景不长，11月30日，德意军队占领了突尼斯，12月初，开始对城市进行狂轰滥炸。纪德作为目击者，描述了交战的情景，"人们难以想象出比这更为壮观的烟火了。由于担心疏忽什么东西，我和衣而睡，而且睁着一只眼睛。每当轰击之时，我便跳下床去，冲向客厅的窗户。我的心剧烈跳动，并非出于害怕，而是出于某种惊愕，某种丧魂落魄的恐惧，某种希望的等待。"街道消失了，食品的供应也开始出现问题。

2. 前往突尼斯

自从突尼斯开战以来，纪德与法国联系更加少了，在这期间，纪德总是焦躁不安，因为宵禁，他晚上不能看书，而时不时轰炸机一飞而过，也让他难以入眠。他是多么希望有点来自法国，来自祖国的消息啊。5月8号，盟军进入了突尼斯市，5月28日，他来到了阿尔及尔，和圣埃克絮贝里再度相逢，为了一个"新的书房而激动不已"。6月底，纪德与戴高乐将军共进晚餐。

纪德认为戴高乐毫无浮夸之风与自命不凡，戴高乐身上的某种深刻的信念，令人佩服。

纪德隐居于费斯，住在出版商的家里。2月份，一项委任令要求他回到阿尔及尔，一架军用飞机来到梅客乃斯接他，结果会见了戴高乐之后，发现将军在阿尔及尔创办了《诺亚方舟》，纪德被任命为杂志的领导人，在这后，杂志社的一位负责人与合作者之间发生了一场冲突，纪德不想牵扯进这场冲突，他立即奔赴刚果，每天用四个小时来钻研拉丁文语法和维吉尔的著作。

纪德对速胜论抱有不同的意见，于是他站在一旁观望，"巴黎尚未恢复适于我们的气候：清洗，清洗，'左派作家共和国'，法国几乎成了一个集权国家，警察的国家。在这个国家里，人们清洗对手，就是说通过监禁和处死，清洗竞争者。这也许是必要的，但不应该是种制度。"

6年后，纪德于1945年5月6日回到了巴黎的瓦诺，此时已经76岁的纪德依然灵活轻捷，虽然纪德表现出了一些孤傲，但是这根本损害不了存在于他内心固有的谦逊本质。

在所有的领域里，新法国都在寻觅一些能忘记屈辱年代的伟大人物。依照新的标准，在可以接受的文学家当中，纪德是最具国际声誉之人。人们热烈地欢迎他，为他开辟报纸专栏和电台专题节目，但是，他本人是很理智的，他并没有满足人们对于他的欢迎。他认为现在还没有人懂他，所以他不想说话，他在日记中详细地说了知心话："倘若明天我应当被执行枪决的话，这将是为了说出并重复的话：无论以何种形式、何种颜色表现出来，黑色的或者棕色的，红色的或者白色的，纳粹分子或者法西斯分子，共产党人或者天主教徒，'极权主义'就是敌人。"

1945年2月25日，他在《费加罗报》上发表了一篇题为《正义或慈善》的文章。这是一篇关于天主教面对清洗进退两难的思考之作。纪德在文中指出，为了使正义事业完全或近似的人道，理想和慈善事业显然高级却具有毁灭性的理想协调一致，人们搞乱了一切。这对正义是不利的，对基督教这所神奇的个人主义学校也是不利的。在天主教之外，这个问题是针对每一个人的，可是，莫利亚克把人们称之为刑事法庭上的生弗朗索瓦撇到了一边，所以没有一个人，或者几乎没有一个人，觉得这是针对他自己的。

3. 纪德与萨特

萨特，法国文学家、哲学家，存在主义的代表人物，"人"的问题是萨特思想的中心，他认为，人与物不同，物的本质是先天决定的，而人则先有自身的存在，通过意识的活动才确定自身的本质。他只研究现实中具体的人的具体存在，不研究物质世界的存在；否认普遍的人性。所以，他指出"人类的自由先于人的本质，并使人的本质成为可能"。他强调个人存在、个人自由。在文学方面，他主张：作家要投身于改造社会的活动，文学作品要干预社会现实；在创作方法上，主张真实，文学要朴实自然。

有人说过司汤达是年轻的萨特处世为人的导师。有人说他那极其特别的清醒来自法国伟大的道德家——帕斯卡、拉布鲁耶尔、拉罗施福高。不错，但在萨特所有的文章中，我们首先听到的，是纪德的声音。当他没完没了地谈起纯粹的文学冒险中的意义和非意义时，我们想到的是纪德，他想到的肯定也是纪德。

1972年，当阿斯特鲁克和孔达向他提出要将《文字》拍成电影时，他之所以同意了，也是因为有纪德在前面做榜样(马克·阿勒格莱制作，1950年发行的电影《与安德烈·纪德在一起》是为先例)。相反，当他拒绝接受诺贝尔文学奖时，他也是以纪德为前车之鉴的，当然还有阿尔贝·施维泽尔，这两个人是他要驱除的恶魔，他绝不能成为像他们那样的人。他说过一句令人感到不同寻常的心里话，其中的每一个字都是有分量的："过去30年来，不管法国的思想界愿意不愿意，而且不管它还有什么别样的坐标，比如马克思、黑格尔、克尔恺郭尔，但法国的思想都应当根据纪德来定义。"

用萨特的原话说就是，所有年轻的作家都会"受到上个世纪的文学习惯的滋润"，在他还没有定型的时候，虽然心中有目标，但他还不知道自己会成为一个什么样的人，而在这时，他已经受到纪德的美学和道德观的影响。正是《厌恶》和后来的《自由之路》，正是所有这些伟大作品的创作历程使萨特变成了萨特，使萨特变成了成年的知识分子，使他在当时成为无可争议的人物，成为当代人中的佼佼者，让他跨出一步，成为伏尔泰、雨果、左拉和纪德的传承者；所有这一切都可以归结为一件事，我们甚至于可以说是一件很"简单的"事：彻底地克服纪德的影响，从纪德的思想中解放出来。在他头脑中，是纪德在迷惑他，不让他成为萨特，因此他要将纪德从头脑中驱除出去——这是一项长期的事业，正如走向无神论一样，驱除纪德的事业也将伴随他终生……

纪德和萨特虽然都是那个年代年轻人的思想导师，但是二者有着极大的分歧：纪德要求其追随者创造上帝，萨特要求其追随者创造自由。"请离开我"纪德重复道；"人只有自由"萨特吟咏着。纪德承认萨特的声望，拒绝他的地位。萨特全力以赴，他以各种方式出现在各条战线上：报纸，杂志，广播电视，政治讲坛，报告会，杂志，读者辩论会，出版社，剧院。纪德身居远方，拒绝人们对其立场的诸多限制。

4. 1947年的世界

1939年，德国入侵波兰，第二次世界大战爆发，1941年美国总统罗斯福和英国首相丘吉尔，于8月14日签定建立"大西洋宪章"，"大西洋宪章"综述英国和美国在第二次世界大战中及战后维持和平之目的的联合宣言。其宗旨是消灭纳粹暴政，解除侵略者武装并使各国人民摆脱军备负担。双方声明，未经有关国家的赞同不谋求领土的改变，尊重各国人民选择政府形式的权利，实行贸易机会均等和经济合作。然而，宪章中没有明确规定殖民地和委任统治地的前途。宪章希望在粉碎法西斯主义之后建立世界各国的和平与安全，并将采取措施反对重新发动侵略的企图。只有普遍放弃使用武力和解除侵略者的武装，才能实现上述目的。正如宪章所述："倘国际间仍有国家继续使用陆海空军军备，致在边境以外实施侵略、威胁，或有此可能，则未来和平势难保持。"

　　苏联政府认为，"大西洋宪章"是促进建立反希特勒同盟的重要因素。所以，1941年9月24日，在伦敦召开的有比利时、捷克斯洛伐克、希腊、波兰、荷兰、挪威、南斯拉夫、卢森堡和自由法国代表参加的同盟会议上，苏联表示同意反希特勒同盟的基本原则并加入这个同盟。会上，苏联代表发表声明，强调同盟国的主要任务是："集中所有经济和军事资源，尽快地将希特勒匪徒压迫下呻吟的各国人民全部解放出来。"在实际应用大西洋宪章原则时，应考虑到各个国家的状况、需要和历史特点。1942年1月1日，赞同"大西洋宪章"原则的26个国家在华盛顿签署了"联合国宣言"，反希特勒同盟基本上形成。然而，英国和美国即使在战争期间也不止一次地违背对苏联承担的义务和"大西洋宪章"原则，破坏被侵略者奴役的国家真正爱国的反法西斯力量的斗争。战后，英国和美国成了"冷战"政策的鼓吹者，反对殖民地和附属国人民的民族解放运动，反对国家间广泛发展贸易与合作，对苏联及其他社会主义国家实行贸易禁运，粗暴地破坏公海航行自由的原则。他们阻挠希腊、菲律宾和其他国家人民在粉碎欧洲的希特勒德国和亚洲的日本军国主义之后建立民主制度。只有苏联无私地支援欧洲和亚洲人民恢复自由和独立。

　　总的说来，"大西洋宪章"不仅标志英、美两国在反法西斯基础上的政治联盟，而且也是后来"联合国宪章"的基础。1941年

9月，在伦敦召开了讨论"大西洋宪章"的同盟国会议。英国、苏联、比利时、卢森堡、荷兰、南斯拉夫、波兰、捷克斯洛伐克、希腊、挪威和"自由法国"参加了会议。实际上，"大西洋宪章"已成为这些国家继续进行反法西斯战争的纲领。

1945年第二次世界大战结束，在第二次世界大战中，美国已经开始扮演世界领袖的角色，企图充当未来的世界霸主。战后美国看到老牌的资本主义殖民国家如英、法、德已经没落了，美国一方面感到幸灾乐祸，因为这为美国提供了充当新霸主的极好机会；另一方面又不愿看到西欧日益衰败，出现土崩瓦解之势，生怕西欧落入当时社会主义阵营的势力范围。从美国的最高利益考虑，美国政府认为在经济、政治、军事上全面控制西欧的时机到来了，于是美国就抛出了欧洲复兴的计划，作为美国全面控制西欧、抗衡苏联、充当霸主的战略的一个部分。在这一背景下，1947年6月当时的美国国务卿马歇尔首先提出一个援欧计划。因此这个计划就被称作"马歇尔计划"。

5. 诺贝尔文学奖

1946年9月26日，根据纪德的小说《田园交响曲》改编的电影举行了首映式。首映式就是一个盛大的庆典，满眼都是灯光地毯，各种盛装出席的明星。而那天晚上，纪德仅仅露了一面就匆匆离去了。

1947年，纪德获得诺贝尔文学奖的消息使全世界为之哗然。大家都承认：他那种令人不安的先锋性思想确实具有高度的独创性，他的作品确实具有无高的艺术价值。然而，从某一个角度看过去，他颇为一般人所痛恶，因为他的作品里头有若干较不寻常的表达技巧被认为是"不雅的"。他的人格与著作曾经在20及30年代掀起极大的风暴，保罗·瓦莱里去世后，法国文坛领袖的地位当然是非纪德莫属。当时纪德已经年近八旬。他在法国国内乃至国际上的威望都高得无以复加。甚至连不十分崇拜他的人都视他如若一位"转世的歌德"。在诺贝尔奖之前，纪德便已得过别种公开的荣誉了。1945年，法兰克福市将歌德奖章颁赠给他。1947年，牛津大学颁赠荣誉博士学位给他。纪德甚至还亲往牛津镇，去接受那项荣誉学位。

可是，同时，他却不愿被选入法兰西学院——虽然该院几位有力的院士一再敦促他参加竞选。纪德于1946年便已被人提名诺贝尔奖了。不过，直到1947年瑞典文学院才委托专家撰写一份关于他作品的报告书。那位专家便是阿列尼乌斯。那是一份殊为公允的文献，对于纪德的主要作品有着相当详尽的剖析。阿氏在结论中对纪德推崇备至，称他为"一个独特而复杂的人——他最主要的长处绝非他的文学创造力，而是他那种分析与辩证的天才、他那种连绵细密的逻辑，他那种挖摇问题以及摇撼世人思想的非凡才能"。

就是由于这些原因，他认为纪德是"他那个时代最伟大的欧洲作家之一，更是最接近'歌德式理想'之现代法国作家"。尽管纪德在许多方面的态度十分极端(而且经常互相矛盾)，可是阿列尼乌斯却认为："就纪氏那种明晰，平实的文体而言，他是一个古典派的作家。他那种文体乃是直接传自17世纪——雅致，精确，而且充满巧思。"没有一位现代法国作家像他一样，当众高声忏悔；没有任何人像他一样，对人的灵魂作了如此富于启示性的阐释。借着这些，纪德在数代欧洲年轻知识分子心中激起"一片和谐的回音"。阿氏在报告书中提及《新法兰西评论》(NouvelleRevueFrancaise)。那是纪德一手创办的一份月刊，并且亲掌编务许多年。这期间，一个崭新的"文学流派"亦步亦趋地随着该杂志而成长，茁壮。通过这个杂志，·他率先将弗洛伊德和陀思妥耶夫斯基的心理学引进法国文坛。他曾从各个角度阐释actegratuit(毫无原因的行为)这一暧昧的主题。这些文章使他成为超现实主义的鼓吹者之一。阿氏总结道：纪德比任何一位同时代的作家都要够资格获奖。

1947年的诺贝尔文学奖颁给纪德，乃是由于"他那些内容赅博，且具高度艺术成就的作品——在它们里头，作者以一种对真理的无惧的爱，以及一种对心理的敏锐洞察力，探索人的问题与处境"。颁奖决定在11月13日那天举行。当时，纪德和他的女儿及女婿兰伯特，一起住在纳沙泰尔。除掉他的出版人以及他最亲近的家属外，没有人知道他躲在什么地方。大批记者涌进他在巴黎伐瑙路的家里。纪德说："像我这样，又衰老又疲惫，荣耀会把我给毁了。”他准备了一篇演讲稿，准备让马丹·杜伽尔代读。

在颁发诺贝尔奖的时候，他再次郑重公开声明，他不撤销作品中任何东西：“假如为了得到诺贝尔奖，我必须否认什么的话，我定会对该奖道一声‘抱歉’的。”恰恰相反，诺贝尔奖评审委员会，对他的热爱真理和大无畏的精神表示敬意。这并不妨碍纪德强调指出：“假如我真的代表过某种事物的话，我相信这就是自由考察的精神，独立的精神，甚至是对心灵理智拒绝赞同之事提出抗议的精神。”

宁可欣赏岁月的赠与，也不冥想岁月剥夺我们的东西，这是一种艺术。

这位老人不在乎周围的景物，不在乎其外在的美。他在自己的内心深处航行，什么都不再属于他了。“从他身上的任何部分，都看不出他的痕迹，他的习惯——可是，他拥有这些东西吗？他的物品失去了亲切的样子，它们具有失去的表象，它们的用途和美学价值无法确认——他们待在那里，因为，这些东西，过去就是这样待着的。任何地方，都没有令人满意的安排，所用物品的损坏，充塞或者缺乏，似乎并不妨碍他。好像在一个房间里，他重视的只是感觉。”

6. 遗嘱

　　纪德的《岱西》，是他精神和文学的遗嘱，在《岱西》中，纪德总结道："你们要明白，孩子们，我们每个人在少年时期，在人生历程的开端，都会与某个魔鬼不期而遇。它提出一个谜语，阻挡我们前进的步伐。孩子们，尽管这个不同的斯芬克斯向我们每个人分别提出来一个不同的问题，相信吧，每个问题的答案都是相同的。是的，对这些截然不同的问题，只有一个共同的答案，这个唯一的答案就是：人。对我们每个人来一说，这个唯一的人就是：自我。"最重要的美德是勇敢。这篇伪造的回忆录发表时离他的逝世只有五年工夫，可以说这是对他的艺术和思想的总结。

　　《岱西》的情节大略是这样：希腊阿蒂克国王子过着惬意的日子。有一天，他的父亲艾哲对他说："你的童年过去了，你做一个人吧。你要让人们看见你能够做到什么和打算成为什么。有丰功伟业需要你去完成。成全你自己吧。"岱西没有辜负父亲的期望。他在外面彻底清除地上的许多暴君、强盗和恶魔，打扫干净某些不安宁的道路，把天空弄得明朗澄澈，让人把头抬高一点，少害怕一点意外的事故。归来之后，把一个小小的乡镇建设成为世界名城、西方文明策源地雅典。但是他一生最重要的时刻是遇见被放逐的提普国王厄迪普。厄迪普的事业与盖世英雄岱西建立的功业都同样伟大，厄迪普现在与神对抗，岱西始终同人斗争。

岱西问厄迪普为什么把自己的眼睛挖掉，纪德在剧本《厄迪普》里面让厄迪普解释说："因为他的眼睛没有及时点醒他，使他犯了错误。"在《岱西》这个故事里面，厄迪普说他出于一朝之忿，挖掉了自己的眼睛。但他失明之后，却发现了另一种光明——真正的光明，他高呼："黑暗啊，我的光明里。"他突然发现另一种价值准则。但是岱西却拒绝接受这另一个世界。岱西说："我只能称赞您公开表示的超人的智慧。但是我的思想，在这条道路上，不会追随您的思想。我始终是这片土地的儿子，我相信人，不管他是怎么样的，不管您认为他有多少毛病，他都要利用手上的牌去赢得胜利，少年厄迪普抛弃了世界，才去追求神圣的东西，而在岱西看来只有人才是宝贵的。岱西说："如果我与厄迪普的命运相比，我是满意的，我没有辜负我的命运。我身后遗下雅典城邦。我爱它胜过爱我的妻和儿子。我建立了我的城市。我死后，我的思想在那里永生不灭。我心甘情愿接近寂寞的死亡。我享受过地上的财富。想到我死后，多亏了我，人们认为自己更加快乐、更加善良和更加自由，我心里就感到快乐。为了未来人类的幸福，我完成了我的事业。我生活过。"

岱西说："我最大的力量就是相信进步。"这正是纪德自己的信念。纪德挖掘人类最隐秘的内心活动，他像科学家一样，谦虚而大胆，在文学和道德的问题上应用实验的方法，即使互相矛盾也不后退。他缺乏一种谨严的、系统的学说，但具有丰富深刻的创见，他在给莫里亚克的信中说道："我不是一个惶惑不安的人。"纪德相信人类。人类的优点和缺点在他身上都存在着，而他的作品也充分地说明这一点。

7. 辞别人世

1949年的纪德身体变得愈来愈差，2月，脑出血折磨着他。他勉强能够说话，勉强能够握住钢笔。虽然此时纪德的身体状况并不乐观，但是纪德还是认真地生活，认真地过每一天。他准备截取《梵蒂冈地窖》的一部分把它拍成电影，还在为别的作家写着序言和题词，排练着《冈多瓦尔》，筹备恢复《新法兰西杂志》，此外，还把他的诺贝尔文学奖奖金投资一份产业，取名为拉米瓦，作为对自己祖父的一种纪念方式，他还将自己的通信分类，准备发表。

1950年1月，纪德的第二卷日记在伽利马出版社出版了。它汇集了从1942年和1949年之间写成的日记。排演《梵蒂冈地窖》的时候，纪德虽然已经虚弱无比，呼吸困难，左腿半瘫痪，但仍然坚持每天到法兰西剧院观看排练。虽然不得不承认，纪德的戏剧一直以来都没有成功过，但这种对戏剧从未放弃的精神是值得我们学习的。最后，他的戏剧获得了很多观众的热烈欢迎，虽然这不是戏剧的原因，而是纪德的原因。

1950年，纪德想要写一部回忆录，想要随心所欲地写一些事情，2月10日，他的医生解除了他的饮食限制。肯定是医治无效了，纪德慢慢地进入黑夜深处，每天有几个小时完全的痴呆、说胡话，偶尔也有神志清醒的时候，他自己也感到他要走了，他希望自己就这样安详的离去。2月19日，他的好友没有一个人睡觉，家里挤满了人。马丹·杜伽尔，施伦贝格，朗贝宁一家，赫巴特一家，还有一些经常来往的好友都来到了纪德家。

22时20分，纪德与世长辞了。"寂静是残酷的，它仿佛是无穷无尽的。突然，伊丽莎白的哭声打破了寂静。她亲吻他的手，然后走了出去。"之后的葬礼好友也按照纪德生前要求的火化的方式进行着。葬礼在知己之间进行，纪德将被葬于居韦维尔玛德莱娜的身旁，巴黎全市人民，举行了盛大的游行。22日，车队奔向居韦维尔，在"玛德莱娜城堡"受到接待。在那里，事情变糟了，安葬之事本已做好了安排。可是居韦维尔的主人，由于关心他在地方上的声誉，征得卡特琳娜同意后，要请某人朗读几页纪德作品。而且还以"纪德先生非常热爱你们"为主题，向村民作一个短小的家长式的讲话。这种做法，引起了纪德好友的愤怒，于是，在乡下的小公墓前，争吵持续了一个多小时。

人们重新打开了他居韦维尔的家门，作为他最后一次休息之用。人们重新为他打开了另一扇家门，即是《新法兰西杂志》，1951年，这个自第二次世界大战结束以来依然被禁止出版的杂志，为他的创刊者奉献了一期特刊。杂志中写道，"纪德不相信过去的什么复辟。他简直是个植物学家，知道所有的植物都有它们的理智。他非常尊重生命的自然过程，不相信人们能够使完全生活过的东西全面复活。"

附

录

纪德生平

安德烈·纪德（Andre' Gide，1869-1951）法国人，是一个擅长写作小说、戏剧、散文、评论等多种文学体裁的"全才"，被称为"20世纪前半期统治文坛"的作家。他生于巴黎一个宗教气氛十分浓厚的家庭。10岁丧父，纪德随同母亲离开巴黎来到外祖父家，在浓厚的宗教气氛中接受严厉而固执的母亲的管教，使他早年就处于紧张而忧郁的精神状态中。14岁时爱上表姐，遭到母亲的反对。但纪德与隆多私定终身。为摆脱现实生活中的束缚，他博览群书并开始写作。20岁时结识著名诗人瓦莱里，成为至交。20世纪90年代参加了马拉美等象征主义诗人的集会，并写作论文、诗歌与幻想小说，这些作品显露出象征主义对他的影响。1893年至1895年，他两次游历北非，无论在身体上还是心理上都发生着巨大变化。后来结识英国作家王尔德，王尔德那种玩世不恭的生活态度对他影响很大，他一反清教徒的禁欲主义，开始大胆地追求自己的生活。在创作上，纪德抛弃了象征主义来脱离现实，把自己的对自然的热爱之情注入了文学之中，"使文学重新接触大地，赤着脚随便踩在地上"。纪德一生著述：《地上的粮食》（1897）这部带有哲学色彩的作品鼓吹个人自由，应该享受现实生活，人要尊崇自己的内心，这部作品后来也成为了纪德的一部重要作品；《梵蒂冈的地窖》（1914）极好地结合了时代特征，迎合了第一次世界大战期间及战后青年一代厌弃模式化的生活，摒弃了传统的道德说教，强调了个人和个人自由主义，据记载，这本书与尼采、弗洛伊德的著作一样受到了年轻人的追捧；此外还有《窄门》（1909），这本小说措写了一个恪守教条教规的女子，因为通往天国之门的狭窄而忍痛割断情爱，最后抑郁而死的悲剧；《伪币制造者》（1925）是他唯一的一部长篇小说。他用平行发展的叙事手法比较全面地反映了法国社会不同类型的知识分子的生活经历和精神世界。

　　除小说外，纪德还写了不少杂文、文学评论等。其几卷文学评论集对文学、美学、文化等发表了独特的见解，影响很大。纪德一生思想比较复杂。他曾参加反法西斯运动并宣称信仰共产主义，但访苏之后，又对共产主义表示怀疑。二次大战期间，他潜心于古典文学研究，战后发表的《忒修斯》，可看做是他思想的总结。1947年，为表彰纪德的"内容艺术意味深长的作品——这些作品以对真理大无畏的热爱和敏锐的心理洞察力表现了人类的问题与处境"，纪德被授予诺贝尔文学奖。1951年因肺炎病逝于巴黎。

获奖辞

　　我被迫放弃这次预期中愉快而又有益的旅行，不能亲自来参加这庄严的聚会，不能亲自用我的声音表达我的感谢，我的恼怒是无需说的。如各位知道的，我一向拒绝荣誉——尤其是一些由法国所颁，而凭借我是一个法国人可当之无愧的荣誉。我坦白承认，我是在一种头晕目眩的状态下突然接受了你们给予我的一个作家所能期望的最高荣誉。许多年，我以为我在荒野里呼喊，原来我只是对着一小群人说话，但今天你们向我证明，我信仰少数人的道德是对的，而且这种道德迟早会获得胜利。

　　各位先生，你们的票与其说是投给我的作品，不如说是投给那种使它有了生命的独立精神，这种精神在我们这个时代从一切可能的方面遭受到攻击。你们从我身上看到了这种精神，你们觉得有必要赞许它、支持它——这件事使我充满了信念和内心的满足。

获奖时代背景

诺贝尔奖于1901年12月10日首次颁发，奖项包括诺贝尔和平奖、化学奖、生理学或医学文学奖、物理学奖，后于1968年由瑞典银行增设了诺贝尔经济学奖，主要是授予前一年世界上在这些领域对人类作出重大贡献的人，是非常具有世界知名度奖项，其评选宗旨："对所有的人开放，不论其国籍、种族、宗教信仰或意识形态如何。同一获奖者可以多次获奖而不受限制。"

文学史思想史上的重要人物，萨特、加缪的精神导师——法国作家安德烈·纪德（1869-1951）出生于巴黎，1891年发表第一部小说，开始写作生涯；1909年参与创办《新法兰西评论》；1947年获诺贝尔文学奖。代表作有小说《背德者》、《窄门》、《田园交响曲》、《梵蒂冈地窖》、《伪币制造者》，散文《地粮》、《刚果之行》等。

纪德生活的年代，是法国、乃至欧洲，甚至全世界都发生巨大变革的时代。无论是在经济上、政治上、文化上，世界各国都经历着历史转型期。第三次科技革命为全世界的经济发展带来了勃勃生机；政治上，资本主义发展的道路曲折坎坷，一系列的社会革命在法国相继上演，二次世界大战的爆发给人类提供了自我反省的契机。法国的工业化、城市化冲击了传统农业社会，并使之瓦解、更新。特别是进入20世纪，两次世界大战期间，被称为法国工业"真正腾飞"时期。纪德亲历了法国经济的大发展。

同时，在纪德生活的年代，民族问题是影响世界政局的重大问题之一，整个世界动荡，两次世界大战和1929年的全球经济危机，给纪德文学创作带来了很多可以采用的资源。生在乱世，是作为文学家和思想家的纪德的幸运。

作为现代西方文学史、思想史上的重要人物，纪德广泛关注宗教、爱情、家庭、性、政治等各类问题，热烈歌吟解放与自由，以赤诚之心去担当人性中的最大可能。他是时代的见证人，更是时代的创造者，法国文坛的后起之秀如萨特、加缪等，都曾将纪德视为自己的精神导师。"近三十年的法国思想，不管它愿意不愿意，也不管它另以马克思、黑格尔或克尔凯郭尔为坐标，它也应该参照纪德来定位。"二十世纪中叶法国思想领袖人物萨特曾这样评价纪德。

尽管如此，纪德也称得上二十世纪最具争议、最令人费解的作家之一。他的"纵情"、他的"颠覆"，曾一度使他"声名狼藉"；但另一方面，他内心中同样真挚的是一种对于"神圣生活"的需要的肯定。他对同性恋的辩护、在道德伦理上的特别主张至今仍是人们关注和讨论的焦点。

1947年，纪德被授予诺贝尔文学奖，他在作品中对"人"异常地关注，是一位有着强烈人道主义精神的作家。这也是他获奖的原因所在。上世纪四十年代，中国文坛曾掀起"纪德热"，纪德思想备受追捧。究其原因，那是因为纪德思想完全契合中国青年的精神需要。法兰西学院院士程抱一曾说，纪德和一个中国人说话就像这个回头的浪子在和弟弟恳切畅谈，他劝告他要从心底汲取自身的能源，找回热忱。现今，中国社会仍处于极大变革的时代，青年处于思想困惑、寻求理想的生活时期，纪德作品要求尊重人，以人为本，以人的态度对待人及其所为。纪德作品中饱含着的对生命的激情以及对于"自由"等命题的深邃思考，能够引起那些自我意识正在觉醒、对人生困惑有初步的体会的年轻读者的强烈共鸣。

纪德年表

1869，安德烈·纪德出生于巴黎。

1877，就读于阿尔萨斯学校，几个月后因"不良习惯"被开除。

1880，父亲保尔·纪德去世。

1881，与表姐玛德莱娜恋爱。

1883，开始写日记。

1887，阿尔萨斯学校；结识皮埃尔·路易。

1888，就读于亨利四世中学。

1889，与皮埃尔·路易和马塞尔·德鲁安等创办《中学生杂志》。

1890，玛德莱娜的父亲去世，结识保尔·瓦莱里。

1891，出版《安德烈·瓦尔特手记》《论那喀索斯》；马拉美"星期二聚会"中的常客；结识奥斯卡·王尔德。

1893，出版《爱的尝试》《于安里游记》；结识弗朗西斯·雅姆；北非旅行；首次同性恋体验。

1895，出版《沼泽》；母亲朱丽叶·纪德去世；与表姐玛德莱娜结婚；到瑞士、意大利、北非等地旅行；结识保尔·克洛代尔。

1896，担任拉洛克——柏纳豪市的市长。

1897，《地上的粮食》《途中散页》出版；结识亨利·热昂；马塞尔·德鲁安与让娜·隆多结婚。

1898，在支持"德雷福斯"的作家名单上签名。

1899，与妻子北非旅行；与保尔·克洛代尔开始通信联系；出版《锁不住的普罗米修斯》《菲罗克特脱》《埃尔·哈吉》。

1900，出售罗拉克；与亨利·热昂到阿尔及尔旅行。

1901，上演《冈多尔王》。

1902，出版《背德者》。

1903，出版《遁词》《扫罗》；去魏玛、阿尔及尔旅行；与雅克·科波开始交往。

1904，成为《隐修》杂志编委。

1906，出版《阿曼达》；搬入奥依特新居。

1907，出版《浪子归来》；与画家莫里斯·德尼去柏林。

1908，创办《新法兰西评论》。

1909，《窄门》出版；参加"十日谈"。

1911，出版《伊莎贝尔》；与加斯东·伽里马共同创办《新法兰西评论》。

1912，与亨利·热昂去意大利旅行。

1913，到意大利旅行；结识罗杰·马丁·杜加尔。

1913，《梵蒂冈地窖》出版。

1914，与克洛代尔绝交；出版《梵蒂冈地窖》《重罪法庭备忘录》。

1915，开始陷入长达两年的宗教信仰危机。

1916，开始了与马克·阿莱格雷的恋情；玛德莱娜开始知晓纪德的真实取向。

1917，与马克·阿莱格雷到瑞士度假。

1918，与马克·阿莱格雷去英国，回来后得知玛德莱娜烧毁了两人间的所有信件。

1919，《田园交响曲》出版。

1821，出版《纪德选集》。

1822，翻译《天堂与地狱的婚礼》。

1923，女儿卡特琳娜出生。

1924，《科里同》出版。

1925，成为伦敦皇家文学院的院士；与马克一起前往非洲内陆旅行。

1926，《伪币制造者》《如果种子不死》出版。

1927，《刚果之行》出版。

1928，《乍得归来》出版。

1929，《妇女学校》《蒙田评论》出版；到阿尔及尔旅行。

1930，《罗贝尔》出版；到德国旅行。

1931，《俄狄浦斯》出版。

1932，《纪德全集》开始出版；开始成为共产主义的"同路人"。

1933，洛桑旅行。

1934，与安德烈·马尔洛到柏林呼吁释放共产党人。

1935，《新粮》出版；参加第一届国际作家保卫文化大战。

1936，《热纳维埃芙》《访苏联归来》出版；应邀前往苏联访问。

1937，《〈访苏联归来〉之补充》；与苏联正式决裂。

1938，到西非旅行；玛德莱娜去世。

1939，到埃及、希腊旅行等地旅行；出版《1889—1939年的日记》。

1940，离开巴黎。

1941，与《新法兰西评论》划清界限。

1942，前往突尼斯。

1943，《想象的采访》出版；由突尼斯前往阿尔及尔，在阿尔及尔与戴高乐将军见面。

1944，创立《方舟》杂志；在纽约出版1939-1942年的日记。

1945，回到巴黎；到意大利、黎巴嫩和埃及旅行。

1946，出版《忒休斯》；《田园交响曲》被拍成电影；卡特琳娜与朗贝尔结婚。

1947，到慕尼黑旅行；获得牛津大学荣誉博士学位；获得诺贝尔文学奖。

1948，为女儿购置了住所。

1949，《秋天的散页》出版。

1950，出版《1942—1949日记》；到意大利旅行；三幕喜剧《梵蒂冈地窖》首演。

1951，2月19日逝于巴黎瓦诺大街寓所，随后葬于居韦维尔玛德莱娜的墓地旁边。

获奖当年世界大事记

（1947年）

2月10日，盟国对意、罗、保、匈、芬五国和约在巴黎正式签字。

3月12日，美国总统杜鲁门在国会发表演说，提出"杜鲁门主义"。

3月14日，美国与菲律宾在马尼拉签订《关于军事基地的协定》。1947年4月7日，戴高乐在斯特拉斯堡发表演说，抨击法国新宪法，强调法国应在美，苏之间保持独立。4月9日缅甸成立以昂山为总理的临时政府。

4月15日，杰基·罗宾森成为首位登上美国职棒大联盟的黑人球员。

5月1日，内蒙古自治区政府正式成立，乌兰夫当选为自治区政府主席。这是抗日战争以来中国共产党领导内蒙古区域自治运动所取得的重要成果。

6月3日，英国首相艾德礼和印度总督蒙巴顿在伦敦和新德里同时宣布《印度独立法案》。

6月5日，美国国务卿马歇尔在哈佛大学发表演说，提出"马歇尔计划。

6月18日，英国驻锡兰（现斯里兰卡）总督宣布，给于锡兰自治领地位。

6月19日盟国远东委员会通过《对投降后的日本之基本政策》。

6月24日，美国飞行员肯尼斯·阿诺德驾驶着他的私人飞机穿越华盛顿州的喀斯喀特山脉时，看到有9个圆形物体，这件事历史上称作阿诺德时间，是现代UFO的起源事件。

6月30日，刘伯承、邓小平率晋冀鲁豫野战军主力第一、第二、第三、第六纵队13个旅12万余人强渡黄河天险，一举突破国民党军黄河防线，转入外线作战，揭开人民解放军战略进攻的序幕。

7月12—15日，英法等16个西欧国家成立"欧洲经济合作委员会，起草欧洲复兴计划"。

7月19日，缅甸临时政府总理昂山和其他6名部长遭暗杀。

7月22日,印度制宪会议批准使用现在的印度国旗。

8月14—15日，根据《蒙巴顿方案》，印、巴实行分治。14日巴基斯坦自治领成立，15日印度自治领成立。

8月15日—9月2日，美国和拉美18个国家的外长在巴西里约热内卢缔结了《西半球联防公约》，规定对美洲任何国家的攻击应视为对全体美洲国家的武装攻击。

8月24日，厄瓜多尔发生政变，独裁总统伊巴拉被推翻。

9月18日，根据美国国会制定的《国家安全法》而成立了美国中央情报局。

10月10日，中共中央公布《中国土地法大纲》。

10月14日，耶格尔驾驶X-1试验飞机在加州南部上空达到1078千米每小时的速度（M 1.015），首次突破音障。

10月30日，美国等23个国家于在日内瓦签订了"关税及贸易总协定"。

11月6日，石家庄解放,成为中国第一个解放的城市。

11月12日，台湾民主自治同盟在香港成立。

10月18日，朝鲜、苏、美联合委员会宣告解散。

12月17日，阿拉伯国家联盟发表反对巴勒斯坦分治的声明。

12月23日，自由希腊第一届临时民主政府建立。

12月30日，罗马尼亚人民共和国成立。